木瞳

久在樊笼里，复得返自然

第2版

林巨／著

妈妈，请这样爱我

爱是呼应、连接和接纳

北京联合出版公司
Beijing United Publishing Co.,Ltd.

目录

序

生命的教育与成长

何谓生命教育?

每一个生命，要想获得真正的宁静、幸福和自在，必须处理好三大关系：和环境、和他人以及和自身的关系。

传授生命处理这三大关系的学问的教育，就是生命教育。

在现实生活中，不管是传统教育，还是新教育，大家都会在不知不觉中习惯性地把重心放到如何处理和环境、和他人的关系（又称“对外”的关系）上，却忽略了和自己的相处（又称“对内”的关系）问题。长此以往，我们就会习惯于漠视自己的情绪、情感、意志、欲望、心声、念想……我们就会习惯于压制自己、批判自己乃至谴责自己……我们就会习惯于追逐外界、迎合外界直至丢失自己……以此来解决所谓的与环境、与他人的关系。也就是说，在现实生活中，在生命三大关系的处理中，我们习惯性地首先考虑的是牺牲和自己的关系；我们已经习惯了把与环境，尤其是与他人的关系（对外的关系），置于远比和自身的关系（对内的关系）更高的位置；他人和外在的观点和看法，远比我们自身的真实感受和需求重要。用这样的方式，我们看似维护了与环境、与他人的关系，但显然严重伤害了我们与自己的关系。

这样下去，我们的心灵注定会伤痕累累。问题是，当我们的心灵伤痕累累，一如惊弓之鸟时（外界稍有风吹草动，即心旌动摇，不安、焦虑、恐惧、纠结成为自身心灵的常态），我们真的有能力解决所谓的与环境、与他人的关系问题吗？我们是真的解决了，还是在伪装，在自欺？或者只是为了通过这种方式来保护自己受伤的心，又或者，靠外界暂时的平静获取身心暂时的平静？不管怎样，结果只有一个：身心的状态几乎百分百地取决于变化无常的外界状态。这就是身心完全外驰、对外关系成为生命第一关系的自然的唯一结果。这个时候，生命想获得长久的宁静、幸福和自在，绝无可能。同时，比上述事实和结果更为可怕的是：因为我们自己的内在一贯被忽视，因为我们从来没有得到过如何与自己相处、如何与自己心灵沟通的教育，以致在绝大多数时候，我们根本就看不到自己的问题、自己心灵的伤。其实，我们的内心已经伤痕累累，但我们却总是看不见，总是若无其事，这才是人世间最大的殇。

举个例子，孩子哭的时候，我们脱口而出的第一句话总是：别哭。

我们为什么要说“别哭”？

因为在我们看来，哭是不好的，是懦弱的，是不够坚强的，是无力和无能的，是解决不了问题的……只是，这些都是外界的观点，都是外界的所谓价值观的评定标准。而从生命的内在需求看，他为什么要哭？有没有道理？应不应该哭？哭好还是不哭好？应该哭多长时间？……当我们脱口而出“别哭”的时候，我们有没有考虑过这些？我们考虑的是生命外在的关系、外在的标准，还是生命内在的关系、内在的需要呢？

再比如，带孩子去打针，总跟孩子说“不疼”，这又是谁的需要？谁的角度？谁的眼光和视野？对于孩子生命的内在来说，他是“疼”，还是“不疼”？他可不可以“疼”？我们为什么不能允许他“疼”？明明疼却硬要告诉他“不疼”，这又是在干什么？为什么生命真正的内在需要，总要被外面的声音纠正和打压呢？

从这本书开始，请每位父母试着开始全新的思维，全新的教育，全新的生活吧。拿这两件显而易见的事情举例，只是想说清楚，在日常生活中，我们绝大多数的回应模式，都是在处理生命对外的关系：与环境和与他人的关系，而不是在真正地教会生命学会处理和自己的关系。

这样的事情，实在是太多了。可怜的生命，它内在的心声，从来没有被尊重、被倾听、被充分满足过。这么些年来，它真实的内心世界，原来一直是在被漠视、被压制、被伤害。

如果你的孩子是在这样的环境下成长，他的生命，又会变成什么样呢？

看看我们自己，答案就很清楚了。

看看人类文明几千年，人性还是如此，答案就更加清楚了。

家庭教育是一切的根源。因为它事关人格的塑造、人性的苏醒，而这才是文明的真正基石。

我们想想，对内的关系——和自己的关系，对外的关系——和环境与他人的关系，到底哪个重要？哪个才应该是核心？哪个才是教育真正要去关注和处理的呢？

这三大关系中，与自身的关系（对内的关系）是重中之重。一个人，唯有真正解决和自己的关系，才能真正解决和环境、和他人的关系（对外的关系），才能达成生命三大关系的完美平衡。

这样的教育，就是生命教育。

生命教育的核心和基石，是传授生命如何和自己的心沟通，如何处理和自己的心的关系的学问，所以，生命教育又称心灵教育。而无论是生命教育，还是心灵教育，其着眼点都是要了解人性、尊重人性、顺应人性，进而促进人性的净化和回归。所以，生命教育、心灵教育又称人性教育，这三者是一回事。

重点放在处理和自己的关系的教育，即是生命教育。

重点放在了解人性、尊重人性、顺应人性的教育，即是生命教育。

重点放在和自己的心相处、和自己的心沟通的教育，即是生命教育。

从这三个角度入手，也就是说，当我们从孩子内心需要的角度、从人性发展的角度、从心灵健康成长的角度入手，那么，我们会惊奇地发现：

孩子所有的思想、行为、情绪、情感、欲望……都是自然的、健康的、合理的，都是在满足生命内在的需要，都是在满足人性本能的渴求，都是在渴望发展心灵的力量和智慧，我们要无分别地去尊重、理解、信任和接纳，而不要妄加评判、妄分好坏、妄加干预。

这就是“无分别的爱”。

这是生命教育自然而然的也是唯一的理念和法则。

孩子所有的思想、行为、情绪、情感、欲望……都是自然的、健康的、合理的，是不是意味着孩子可以想干什么就干什么？

自然不是。

孩子所有的思想、行为、情绪、情感、欲望……都是自然的、健康的、合理的，只是想告诉大家：

在所谓的“教育”展开之前，我们要问自己，我们是不是真的做到了充分地尊重孩子、理解孩子和信任孩子？

我们所谓的“爱”“耐心”和“包容”，是否真的足够，真的是从孩子的角度，真的放下了成人的自以为是？

我们的心，是否真正的和孩子的心在一起？是否真正在帮助解决孩子与他自己的心的关系呢？

根本上，孩子所有的思想、行为、情绪、情感、欲望……都是自然的、健康的、合理的，是要我们做到最高程度地尊重、理解和信任生命，也就是说，不是孩子的行为“没有底线”，而是我们对生命的爱“没有底线”。那么，怎样才能让我们的爱“没有底线”？唯有我们的心和孩子的心紧密连在一起。当两颗心紧紧相连相守，当生命之间彼此的心门彻底向对方打开的时候，真正的教育就自然而然地到来了。

所以，爸爸妈妈们，无分别的爱，不是让你在面对孩子的各种表现时无所作为。恰恰相反，无分别的爱，是帮助你对孩子的一举一动，一个念想，一个情绪，都了如指掌。在此基础上，你自然有能力，举手投足，语言神态，思想心情，总是能走进孩子的心里面去，总是能有效影响和帮助你的孩子宁静、幸福、自在地成长。

打个比方，希望能帮助大家更加直观地了解什么是“无分别的爱”，什么是“道”的层面的教育。

请问：什么样的人，会是你最好的朋友？

真正的答案只有一个：知心朋友。也就是说，一定是彼此的心在一起的朋友，才是最好的朋友。当彼此的心在一起，你的一言一行，自然会有效地影响到你的朋友。但是，你自然也不会 “乱”影响你的朋友。

这就是“无分别的爱”，其间蕴藏了无穷的智慧和力量，只是，需要你的明悟。

教育和人生，孩子和大人，本来就无分别。

道者，通也。

这本书，通过讲述花径美德幼儿园的真实案例，和大家分享“无分别的爱”的生命教育理念，分享生命成长的规律，人性净化的法则以及心灵圆满的智慧，分享教育的“道”，希望能帮助大家达至“无为而无不为”的生命大自由之境。

林飞

1

摔倒的故事——无分别的爱

那天周六刘老师值班，一位妈妈带着3岁的孩子来咨询，奶奶在旁边陪着。

刘老师带妈妈参观教室，孩子对幼儿园很好奇，东跑跑西蹦蹦，摸摸这碰碰那，奶奶在一边不停提醒“不能这”“不能那”“别这”“别那”的。

忽然，孩子摔倒了，“哇”地大哭起来，奶奶急忙把孩子抱起来，一边埋怨一边哄。忙乎了一会儿，孩子哭声不见消停，奶奶就打起了身边的地板和凳子：“宝贝别哭，都怪这地板，还有这破凳子，奶奶给你出气……”

可孩子还是“哇哇”哭着，甚至变本加厉地躺倒在地上，看样子一时半刻是停不了了，奶奶在一旁唠叨，束手无策。

刘老师走过去，蹲在孩子身边，问孩子："宝贝，摔疼了吧？我可以把你扶起来吗？"

孩子满脸都是泪水，点了点头。

刘老师把孩子抱了起来："宝贝，摔疼了吧，来，老师揉揉。"

刘老师轻轻地揉起了孩子的膝盖，孩子渐渐安静下来。

"好点了吗？"

孩子点点头。

刘老师把手从孩子膝盖上拿开，说："现在，老师要揉揉地板，还要揉揉凳子，它们刚才也很疼啊。"

说完，刘老师轻柔地抚摸地板和凳子，孩子惊奇地看着这一切，完全忘记了哭泣。

"你愿意帮老师一起，揉揉地板和凳子吗？"

"嗯。"孩子回答道，也蹲下学着刘老师的样子抚摸地板和凳子。

"好了，我听见地板和凳子说不疼了。它们还说谢谢你。"

"来，我们俩握握手，老师替它们谢谢你。"

刘老师和孩子握了握手，代替地板和凳子谢谢孩子，看得出来，孩子很开心。

剩下的时间，孩子很安静地在幼儿园玩着。

妈妈感慨万千，走的时候对刘老师说："原来应该这样跟孩子说话啊，真是想不到。到了这个地方，怎么感觉自己的心就变了，有一种说不出来的感觉。"

我坚持在教育中提倡“无分别的爱”。

什么是“无分别的爱”?

正如这个小故事告诉我们的：真正的生命教育、心灵教育、人性教育，必须无分别地爱所有的一切。

这就是无分别的爱。

地板和凳子，没有任何反抗的能力。打它们，也许，不仅仅是“玩”那么简单。

我们要知道，孩子也是不折不扣的弱者，他们也没有多少反抗的能力，比地板和凳子强不了多少。

我们更要知道，在很多时候，在很多场合，我们也是弱者，比孩子强不了多少，也没有多少反抗的能力。

假如，当我们是弱者的时候，我们遭受了不公的待遇，那么，反过来，当我们面对弱者的时候，也许，生命的惯性会让我们也不公地对待他们。

如果这样下去，这样一代一代的下去，人类永恒的幸福，就永远不会到来，反过来，历史只会在轮回中重演相似的悲剧。

怎么办?

就让我们从这一刻开始，从对待地板和凳子的态度开始转变吧。

当生命连地板和凳子都可以怜爱的时候，还有什么，是不可以唤醒和转变的呢?

就这样，渐渐地，让我们从“有分别的爱”转变为“无分别的爱”吧。

唯有我们的转变，才可以在生命至关重要的幼年时期，帮助我们的孩子，在心灵深处种下“无分别的爱”这颗高贵的种子。

这颗种子，会渐渐生根、成长、开花、结果。唯有它，才有能力抹去生命曾经的创伤，抹去所有可能带给下一代的感染和复发。

唯有此，人类永恒的幸福，我们所期待的理想生活，才会降临到我们的生命中。

2

吃手的故事——满足孩子的安全感

小依来幼儿园时4岁了，吃手很厉害。

特别是临近放学时，吃得尤其厉害。妈妈一来接，看见她在吃手，就大声训斥，然后直接动手，把小依的手扒拉下来。

小依大哭起来，泪水在脸上肆意奔淌，身体在哭泣中轻轻抖动着，像一棵旷野中孤独的小树。

王老师赶紧制止妈妈，对她说："孩子吃手很正常，慢慢就会不吃的，请给予孩子时间和信任。"

妈妈很焦躁："从小就这样，怎么管都没用！现在都4岁了，越来越厉害，别的孩子早就不吃了，这不制止不行啊。"

王老师就和妈妈商量，希望她在一个月内，看见孩子吃手，不说孩子，更不打孩子。这一个月的时间，给予孩子充分的“无分别的爱”，看看孩子会不会发生变化。

妈妈满腹怀疑，但还是勉强点头同意了。

这一个月，王老师对小依做了很多，但是，在吃手这件事上，她做得最多的是视若无睹。

有的时候，王老师和小依单独在一起，也会学着小依的样子，吃着手和她聊天，和她分享吃手带来的快乐。

有的时候，王老师也会问小依：“你为什么爱吃手啊？”

小依：“我不知道。”

王老师：“我知道。”

小依：“为什么啊？”

王老师：“我小时候也吃手，我想，是孩子都要吃手吧。”

小依：“那×××怎么不吃手啊？”

王老师：“你爱吃鱼吗？”

小依：“爱啊。”

王老师：“那×××爱吗？”

小依：“他不，他爱吃肉，昨天那个平鱼他就不爱吃，他就爱吃鸡腿，上次鸡腿他吃了两个还不够。”

王老师：“对啊，你爱吃鱼他爱吃肉，你爱吃手他不爱吃手，每个人都不一样嘛。”

小依：“噢，是这样啊。”

小依若有所思。

一周过后，小依就不怎么吃手了。妈妈很惊喜，和王老师深聊后，终于转变了态度。在妈妈的配合下，小依很快度过了这个生命的特殊阶段。

到底是什么有效地帮助了小依?

真正的生命教育，什么才是关键?

一开始，孩子为什么要吃手?

这个问题的答案并不重要，远比答案重要的是：这是一个事实。

既然是一个事实，是生命的必然天性，那么，我们应当予以尊重和敬畏。若没有这份尊重和敬畏，自以为是恣意妄行，我们伤害的必然是生命最重要的力量之源。

这个力量之源，就叫作安全感。

为什么孩子这么大了还吃手?

显然，孩子的安全感严重不足。安全感不足导致的吃手，你越打他骂他制止他，他会越缺乏安全感。

4岁吃手算什么，有为人父母辈还吃手的呢！

我们当深思：连吃手都被拒绝的生命，他被拒绝的，难道仅仅是吃手吗?

往往，这样被拒绝的生命，他的疾患和症状，远远不只是吃手。

我们须知，生命的必然天性有其积极的价值和意义。这种天性自然也包括吃手。

至少，吃手是在满足生命的安全感，消减不安全感。

至少，吃手是生命在某个特定的阶段，爱自己的最好方式。

生命中所有真实的呈现，不管我们是否知道原因，不管我们喜好厌憎，我们都要以至高的尊重和敬畏，去看待，去理解，去倾听。

这就是无分别的爱。

所以，吃手该怎么办，也就很清楚了。

去好好满足生命的安全感，如是而已。这是一个积极的行为，这是一个正确的行为，这是一个有意义的行为。

所以，又何必去理会、介意它呢？

当你不理会、不介意，你就是在以最好的方式尊重、理解、信任、接纳，你就是在以最好的方式，给予对面的这个生命以高度的安全感。

故事中的老师所采取的种种看似不同的教育形式，万变不离其宗，都是在以向生命的天性致敬的方式，来满足孩子的安全感。

要知道，真正的关键是在这里。

这样的致敬方式，不是一个月内如此，不是仅对小依如此，而是在任何时间，在任何空间，对任何对象，均是如此。

3

生病的故事——真实的价值

周三晚上很晚了，小力妈妈打电话给曹老师：“曹老师，小力发烧了，要输液，但是他拒绝扎针，也拒绝吃药，怎么哄怎么劝都不管用。没办法，只能麻烦您来医院一趟，请您帮帮我。”

曹老师到了医院，小力已经在精疲力竭中睡着了。曹老师一摸小力的脑门，烫得很，妈妈说刚量完体温，38.7℃。

在等小力醒来的时间里，妈妈喋喋不休地跟曹老师抱怨：

以前这孩子不这样啊。

以前也是每次打针都使劲哭，但哄哄就好了。

跟他说不疼的，一会儿就好，怎么这次就不管用了？

使劲表扬他勇敢了，也使劲鼓励他了，怎么越大越……

跟他说男孩子要勇敢要坚强，真是……

看看人家比他还小，也没见这个样子啊。

真是恨不得想使劲踹他……

曹老师在旁边静静听着，等着小力醒来。还好，不一会儿，小力醒了，看见曹老师，愣了一下，咧咧小嘴，满脸委屈的样子，又要开哭了。

“来，老师抱抱。”曹老师也很难受，心疼孩子，赶紧把小力从妈妈怀里接了过来。

曹老师先给小力讲了一个小故事，小力听得津津有味，完全忘记了哭泣。

故事讲得差不多了，曹老师问小力：“小力，你生病了？”

“嗯，老师，我发烧了。”

“很难受吧？”

“嗯。”

“那怎么办啊？”

“……”

“医生要给你打针吃药，你不喜欢，是吧？”

“嗯，我不要，我不要。”小力立马嚷起来，小嘴一咧，又要开哭。

“是啊，老师也不喜欢打针，我想，没有人会喜欢打针的，你想哭就哭一会儿吧。”

“老师也不喜欢啊？”一听这话，小力倒是不哭了，只是转头很奇怪地看着老师。

“是啊，打针好疼啊……”说着，曹老师做出一副疼痛的表情。

“你看看上次打针，打到老师这个地方了，好疼啊……你上次打针打到哪里了？让老师也看看。”

“老师，我这儿，这儿，都打过针。”

“哇，你好勇敢啊，打过这么多针。打针这么疼，你是怎么挺过来的？”

“没事的，忍一会儿就好。”

“真的，宝贝，你真是勇敢啊，这次又要打针了，能让老师看看你的勇敢吗？”

“嗯。”

针扎进去的时候，小力哭了几声，可是一会儿就不哭了，针很顺利地打完了。

曹老师陪小力输完液，妈妈配了些药，让曹老师带回幼儿园，第二天给小力吃。

自然，小力会轻松愉快地完成吃药任务。

到了家，妈妈问小力：“为什么曹老师在你就不怕打针，也不怕吃药，在妈妈面前你为什么就这么不乖？”

小力没搭理妈妈。

曹老师做了如此清晰的示例，这位妈妈还是不懂，后来曹老师跟妈妈好好聊了一次，解答了她的疑问。

见过太多的孩子，打针吃药就像上刑场，我们忍不住要问：孩子怕的，究竟是什么？孩子真的是怕疼吗？

我的女儿小香香从1岁多开始懂点事的时候起，就不怕打针，不怕吃药，甚至还很享受这个过程，每次去医院都高高兴兴的。因为她喜欢人多，而医院的人总是很多。我想，对她来说，去一趟医院，和大一点的孩子去一趟游乐园的感觉，应该是一模一样的吧。

当然，扎针进去的时候，她也会因为疼而哭几声，但是也就这个样子了，其他时间，都是高高兴兴的。

孩子真的是怕疼吗？

显然，这个问题的答案是否定的。

孩子怕的，究竟是什么？

在我看来，孩子怕的，是被欺骗，是被一次又一次地欺骗——一遍又一遍的所谓“不疼”的谎言。

孩子怕的，是不被允许，是不被允许因为疼而掉眼泪——一遍又一遍的“不要哭不要哭”。

孩子怕的，是不被接纳，是不被接纳因为害怕而表现出的退缩和拒绝——一遍又一遍的“要勇敢要坚强要好样的”。

所以，怎么让孩子去医院和去游乐园无分别，只需要把这些“欺骗”，把这些“不允许”，把这些“不接纳”统统去掉。

曹老师所做的，其实就是这些：没有欺骗、全盘允许、充分接纳。也就是说，除了对生命的诚实、理解、尊重、信任等之外，没有其他的了。

孩子生命中所有的真实感情，所有的真实感受，都是好的，都是美的，我们只需要静静地用心聆听，用心尊重，用心理解，如此而已。

这就是无分别的爱。

有没有人，在我们的成长过程中，给过我们这样的爱呢？还是，在我们的生活中，到处充斥和弥漫着“必须这样”“应该那样”“不要这样”“不能那样”“这好”“那不好”之类的声音呢？

这样的声音在做什么？它是在摧毁来自我们内心深处的真实声音。内心的真实声音，是错的，是不对的，是要修改的。

自己真实的感情和感受，被无情地漠视、否定和打击，借由种种貌似合情合理无法抗拒的名义。我们必须扭曲、修改、装扮自己内心真实的声音、感情和感受，才能够在这个世界上存活下来。

显然，这是这个世界最可怕的现实，是生命真正的噩梦之源。

生命真正惧怕的是对真实的否定。看起来，这个世界什么都可以存在，唯独不能存在的，就是真实。

这才是真正的惧怕之源。

这也是所有的悲哀之源。

所以，生命已经很久很久没有和真实的自己在一起了。

我们已经遗忘很多，我们已经迷失很久，我们已经尘封很久……

亲爱的爸爸妈妈们，难道我们还想让孩子过着和我们一样的，和自己真实心灵永久隔阂着的所谓“美好”生活吗？

4

糖果的故事——接纳生命的天性

有一天，丁丁妈妈满脸郁闷地来找我，坐下来没说几句话，就号啕大哭。我给她倒了一杯水，递上纸巾，然后，等着她安静下来。

丁丁妈妈边哭边说："林老师，不知道什么时候起，我发现丁丁开始啃指甲了，刚开始还只是偶尔，后来越来越频繁。我一直没有太放在心上，觉得会很快过去的，但是最近这几天他生病在家，几乎每时每刻都在啃指甲，啃得血肉模糊，越来越投入，越来越专注。我心里烦透了，我想丁丁一定是焦虑了，但我不知道他在焦虑什么，也不知道他为什么焦虑。刚才我实在忍不住，动手打了他一顿。林老师，我快崩溃了，希望您能帮帮我。"

说完，丁丁妈妈终于平静了下来。

“丁丁妈，还记得一个月前吗？王老师找你谈过一件事。”

“一个月前？谈过事？”

“王老师发现每次分享课上，丁丁都特别爱吃糖，比别的小朋友爱吃多了，问你是不是在家里限制丁丁吃糖了。”我提醒她。

“哦，想起来了。”

“当时你是怎么回答的？”

“怎么回答？我说那还不得限制啊，吃糖多对孩子不好，必须限制。”

“好，孩子为什么吃手，你知道原因了吗？”

“……”丁丁妈妈没有反应过来。

“你不是说孩子焦虑吗？你也不知道孩子为什么焦虑，现在，答案已经告诉你了。”

“难道是不让吃糖？”

“你说呢？”

“林老师，那应该怎么办啊？”

“怎么办早就告诉过你们了，不用我再重复了吧？”

“知道了，林老师，谢谢您。”

“别谢我，谢谢你自己。”

两个月后的一天，丁丁妈妈欢天喜地地跑过来，说：“林老师，丁丁已经有一周没啃手指甲了。”

我纠正她：“什么一周！一辈子也不会了。”

“是！是！是！”丁丁妈妈乐坏了。

“你也别太高兴了，有可能丁丁马上又会啃指甲的。”

“啊……为什么啊？”丁丁妈妈又被吓坏了。

其实，这是我跟丁丁妈妈开的一个玩笑，但其实也不是玩笑。

“你说呢？”

“林老师，我都听您的，这总不会错了吧。”

我哈哈大笑：“这可是你说的，不是我说的。”

接下来，丁丁妈妈详细讲述了这两个月里她所做的。

“林老师，我一直以为自己有着先进的教育理念，认为自己的育儿理念已经很宽松、很开放了，但是在儿子吃糖这件事情上，我发现自己其实和大多数的父母一样，很讲原则地控制着，而且也有着貌似非常合理的理由，为了儿子的身体健康，为了保护儿子的牙齿，为了……所以，什么时候吃，吃多少，吃啥样的，都是我们说了算。所以几乎每一天，我们和丁丁都在为吃糖的事情斗争着。

“家里的糖果很多，各种喜糖，朋友出国送的，出去旅游买的，我们把这一大堆糖果都放在衣柜最高的格子里。每天儿子从幼儿园回来，都会要求吃糖，每次都是商量好，只能吃一颗，最好还得是吃完饭以后，免得影响了胃口，等等。每次去超市，看到卖糖果的地方，我们都要绕着走，有时儿子实在坚持，绕不过去了，也只能去跟前看一看，说好了不买。虽然他总会哭闹一番，但总有办法解决。至于巧克力，就更别提了。因为儿子特别爱流鼻血，对于吃巧克力，我们都很紧张，一提到吃巧克力，就如临大敌，所以儿子更是十天半月难得吃上一块，他的不满足也就可想而知了。每天都吃不够，每天都要吃，但无奈啊，谁叫他遇上我这个强势的妈妈，难受就难受吧，我都是为他好啊，而且，我觉得我管得天经地义！

“然后，突然，不知道什么时候起，我发现儿子开始啃指甲了，越来越厉害，越来越触目惊心，越来越让我崩溃……于是，两个月前，我只能来向您求助了。”

其实，对待吃糖的问题，应该怎么办，答案很简单：接纳孩子的天性，满足孩子的天性。

实在有特殊情况（很少很少）觉得有必要实施限制，也请在限制时注意方法和技巧，尽量少让孩子感觉到自身（天性）被限制。至于如何以孩子感觉不到限制的方式实施限制，就是家庭教育的智慧了。

最重要的一点，也是我一再强调的：面对生命所有的天性，都必须依循上述原则予以全然接纳，而绝不能说这个天性可以接纳，那个不可以。否则，就很容易出现类似丁丁这样的状况。

切记上述这一点，这是生命教育、心灵教育、人性教育的真正关键之所在。

丁丁妈妈早就知道这个答案，只是一直半信半疑。

“林老师，那天从您这里离开后，我和老公深聊了一个晚上，达成了一致：在对儿子吃糖、吃巧克力这件事情上，完全放开，决定相信孩子。

“于是第二天，爸爸把所有糖果都放到了衣柜的最下面——儿子触手可及的地方，对儿子说：‘从今天起，这些糖果都是你的了，你想什么时候吃，吃多少，随便！’儿子不相信：‘我可以吃很多吗？’爸爸说是的。于是儿子每天从幼儿园回来第一件事，就是奔向卧室拿糖吃。第一天晚上，儿子一下子吃了五六块，各种口味的糖，想吃哪个拿哪个，一副满足幸福的样子。

“小朋友来家里玩，儿子问我：‘妈妈，我可以请小朋友吃糖吗？’我说：‘当然，这些糖已经归你管理了，你可以自己决定。’儿子特别得意地把一堆糖拿出来，跟小朋友们分享，给他们挑着不同的口味。去超市的时候，我们专门带他去买糖果的地方，让他随便挑，想买多少买多少。儿子很惊喜，挑了半天，只买了四颗不同口味的棒棒糖。那一刻，我真的好想哭，孩子要的，其实一点也不多，而我们却一直不敢相信他们。

“一天爸爸突然带回了两大包巧克力，说是送给儿子的。儿子吃了一颗，试探性地问了一句：‘爸爸，我还可以再吃吗？’爸爸说：‘当然了，随你便。’于是，儿子一口气吃了六颗。当天晚上，儿子发烧了，病了好几天。病好之后，儿子自己说：‘巧克力不能多吃，一次只能吃一颗。’我们一点也没有责怪他，轻松地面对这一切，孩子终归是要自己长大的，身体的病好治，心里的病要怎么治呢？

“随着糖果的放开，零食也完全放开了。我们答应儿子，每天都可以去超市选一样好吃的。于是每天放学后，儿子最幸福的事情，就是去逛超市，精挑细选，每次选一个一两块钱的牛奶糖或小果冻，然后开心满足地享用着。逐渐地，对于茶几上、沙发上随手可得的糖果，儿子已经视而不见了，连最喜欢的不二家牛奶棒棒糖也没什么兴致了，甚至有时需要我们提醒才会吃一颗。去超市的次数也从每天一次改成了一周两次，逐渐一周一次都很少了，只是偶尔想起来，就去买个喜欢吃的东西。家里的零食总是很多，随处可见，可更多的都成了别的小朋友来的时候的大爱，儿子根本提不起多大兴趣了。

“随着安全感的逐渐满足，这段时间我们突然发现，儿子再也不啃指甲了。原来，当我们不再把这些糖果零食视为洪水猛兽，而是当作馒头米饭一样平常，在孩子眼中，不也就是馒头米饭吗？所以，不能够相信的不是孩子，而是成人那颗自以为是的心！而是成人随处都在的分别心！”

这件事情让丁丁妈妈真正明白了什么是人性，什么是孩子的安全感，明白了我常跟他们说的很多道理。

生命安全感的满足至关重要，怎么满足孩子的安全感，说起来很简单，就是相信这个世界上，没有坏东西、坏事情。

如果你一定要坚持这个世界上有些东西是坏的，那么你的孩子就一定会遇到这些所谓的“坏东西”“坏事情”。所有的生命，在遇到“坏东西”“坏事情”的时候，都会恐惧，都会导致安全感的缺失。如果你坚持这个世界上有很多的“坏东西”“坏事情”，那么你就会让你自己、你的家庭和你的孩子，每天都活在地狱里。

反过来，如果你转个念，把你坚持认为的“坏东西”“坏事情”当作“好东西”“好事情”，那么生命只会因为遇到“好东西”“好事情”而获得安全感。

糖果如是，零食如是，电视如是，游戏如是……一切如是。

这就是无分别的爱。

一个连吃东西、看电视、玩游戏都被处处限制的生命，我们对自己说这是在培养一个自由的生命，我想，这是不大靠谱的。

一个连吃东西、看电视、玩游戏都被监视怀疑的生命，我们对自己说这是在培养一个高贵的生命，我想，这是很难成立的。

一个连吃东西、看电视、玩游戏都被说教训导的生命，我们对自己说这是在培养一个伟岸的生命，我想，这是自欺欺人吧。

也就是说，当生命连本有的天性都不被尊重、理解和信任的时候，我们对自己说这是在培养一个健康的生命，我想，这未免有点滑稽。

因为，根本上，你给予眼前的生命多少尊重、理解和信任，这个生命就有多少值得尊重、理解和信任。

在当下不尊重、不理解、不信任面前这个生命，你却说将在未来收获一个值得尊重、理解和信任的生命，我想，这恐怕是无法成立的。

反过来呢？

很多时候，我们对生活和生命太悲观、太紧张、太纠结。生活并不可怕，糖果也好，零食也好，电视也好，游戏也好，都是生活必要的组成部分。我们要逐渐学会，从日常生活中最简单最常见的吃东西、看电视、玩游戏等琐事中，体悟到生命的美好、心灵的本善、人性的光辉，体悟到一切存在的本真。

我们要学会相信纯真的小生命，相信纯真的人性，相信人类朴素的天性。

唯有这样，我们才能最终放下自己的悲观、紧张、焦虑和不安。

唯有这样，我们才能在日常生活中处处给予我们的孩子“好东西”“好事情”，才能时时满足生命最重要的安全感。唯有这样，我们离真正的生命教育，离养育一个值得我们尊重、理解和信任的生命，才算是不远了。

当我们开始尊重、理解、信任生活（生命）的时候，生活（生命）也会回报我们尊重、理解和信任。

这就是爱、尊重、理解、信任、接纳的价值和意义。

5

起床的故事——从自己的心出发

山山妈是个成功人士，穿着讲究，言语得体，雷厉风行。山山是坐班车的孩子，所以我和山山妈见面就少，有一天，我接到她的电话，要求和我见面谈谈。

“林老师，我每天都算好了时间，6点20分必须叫醒山山起床，6点30分前必须穿好衣服鞋子，6点40分前要刷完牙洗完脸，7点前必须上完厕所出门，7点10分正好赶上班车，然后我自己开车去上班，再晚就躲不过交通高峰，就要迟到了。

“我每天时间算得可紧啦，不能有一点延误。问题是山山每天早上都跟我作对，不是不肯穿这衣服，就是不肯穿那鞋，要么不愿意刷牙，要么不洗脸，或者跟我耍脾气，或者就在厕所里不出来……我每天早上都耗尽耐心，到容忍的底线。我先是好说歹说，不停催她，可没有用，实在受不了我就大发脾气，她才能稍微快点，但她经常会哇哇大哭，我还得哄她高兴……”

山山妈见到我，也不寒暄，就统统把心里话倒了出来，真是个急性子，只是说着说着，她就掉泪了。

“林老师，现在我每天睡觉前心都发揪，对第二天早上的来临充满恐惧。想到每天一醒来，又要去面对紧张和纠结的一早上，心中就痛苦得不得了……我实在没有办法，受不了了，林老师，希望您帮帮我。”

等山山妈平静了，我说：“咱们来演个戏吧，现在，你头靠在这桌子上睡一会儿，假设这一刻，你是山山，我是你，我们来演一下起床的情景，可否？”山山妈疑惑地答应了。

山山妈在桌子上趴了几分钟，我问她：“舒服吗？”

“舒服，很舒服！”

我猛一拍桌子，使劲叫她：“起床！”

她吓了一大跳，整个人都蹦了起来：“林老师，你！”

“闭嘴，快点，都几点了，赶紧穿衣服！”

“磨蹭什么！快点！快！”看山山妈发愣，我使劲推了山山妈一把。

山山妈蒙了，不知道该说什么，该做什么。

“赶紧！你这个笨蛋！快点！还不去刷牙，你作死啊你！”我又使劲推了她一把，这回劲更大，她差点摔倒。

“你干什么，林老师，你到底要干什么？”

我笑了，停下来，“对啊，你到底要干什么呢？”

山山妈很聪明，沉默了一阵后说：“林老师，我明白了。”

大概几周后的一天早上，我遇见了山山妈，我问她：“怎么今天这么早，自己送孩子了？没坐班车？”

山山妈：“是的，林老师，我还要跟您说会儿话。”

“林老师，和您聊完后第二天早上起来，我深吸一口气，对自己说，美妙的一天又要开始了。时间快到了，我轻步走进孩子房间，正想叫醒她。忽然，我看见阳光照进来，照进我们的房间，窗外微风轻拂，花香飘进来，还有小鸟清脆的鸣叫声……一切是如此的美好，以前的我怎么就没有看见呢？我静静地待了一会儿，看着阳光洒在山山的小床上、被子上，看着孩子睡得香香的小脸，我感觉心里好宁静好宁静。我就这样静静地待了几分钟，直到时间实在不能再晚了，才上去轻轻地叫醒她。

“奇怪的事发生了，以前我叫醒她，她一定满脸不高兴，有时还冲我嚷，有时在床上打滚，有时把自己埋在被子里哭，就是不愿意起来，这回却没有，一骨碌就起来了，很安静很快地穿完衣服起床了。更神奇的还在后面，接下来洗脸、刷牙、上厕所、拿书包、拿玩具等环节，都顺利得不得了，准时得不得了，连送她去坐班车的路上，我们俩也是有说有笑，不急不慌，跟以前太不一样了，整个早晨真是安详宁静。

“接下来的日子，几乎天天是这样，我太享受这样的早晨了。这不，今天决定不坐班车，我亲自送她来。山山可高兴了，一路上跟我说个没够，叽叽喳喳像早起的小鸟，真是太可爱了，我太享受和她在一起的时光了。

“谢谢您，林老师，无分别的爱，原来是这样。”

什么是生命？

首先，它不是机器，注定不能用粗糙的方法来对待它。

什么是粗糙？

不把生命当作世间最精美的艺术品来小心呵护的所有方式方法，就是粗糙。

你用粗糙的方式对待孩子，这个生命就会越来越粗糙。反过来呢？

无分别的爱，表面看起来是给予孩子无边的自由，放开各种限制：糖果放开、零食放开、游戏放开、电视放开……但是，这只是事情的一面，并且是属于相对简单外在的一面，真正关键的是另一面：对自身（教育者）心灵的无边严格。

你为什么要限制？怎么限制？你为什么要放开？怎么放开？你为什么要满足？怎么满足？你为什么要拒绝？原因又是什么？

如果你说，你觉得应该这样，应该那样，或者你想这样，你想那样，也就是说，只是你的想当然。对不起，如果是这样的原因、理由和动机，不管你是限制孩子，还是给孩子自由，是满足孩子，还是拒绝孩子，所有的举措，都是基于盲目和非理性，恐怕往往都是错误的，会动辄得咎。

这就叫粗糙。

反过来，你之所以要限制、放开、满足、拒绝，是基于对人性的充分把握，是基于对生命的充分尊重、理解和信任，这个时候，你的限制、自由、满足、拒绝，就总会是理性的、正确的，并且是充满艺术和智慧的。

关键是，你的心是不是和孩子的心在一起。

很多时候，就像山山妈妈，我们连自己的心在哪里都不知道！如此，我们还能知道孩子的心在哪里吗？我们还能和孩子的心在一起吗？

我们自己，很多时候，实在是活得太粗糙了。根本上，不是我们对孩子粗糙，是对自己粗糙。

真正的教育，是人性的净化和回归，是人性光芒照耀的结果。生命要发出人性光芒，就不能对孩子粗糙，也不能对自己粗糙。我们除了要学会爱孩子，也要学会爱自己。

这就是无分别的爱。

当山山妈妈学会静心，学会享受当下，学会感恩和满足，学会和自己的心在一起，学会爱自己，她忽然发现，真正的教育，就这样不知不觉、自自然然地到来了。所以，她才会发出感慨：“无分别的爱，原来是这样。”

走上生命成长之路吧，所有的答案，只有走上这条路，才能真正得解。

让我们借由爱孩子，走上爱自己的这条路吧。如果任由粗糙带领，我们给予孩子的，给予自己的，往往是伤害，而不是力量和智慧。

根本上，驱使我们走上这条路，或者迫使我们走上这条路，这才是我们最珍爱的生命、我们的孩子带给我们的最贵重的礼物，千万要抓住这个机会，好好珍惜。

当走上这条路，当从自己的心出发，我们会自然而然获知帮助我们所最珍爱的生命、我们的孩子、我们自己、我们的家人、我们身边的伙伴，远离种种粗糙（不安、伤害、恐惧）的无上的智慧和艺术。

这是“无分别的爱”送给大家的终极礼物。

6

把尿的故事——关注内在的自我

一天上午，蛋蛋妈来找我，跟我说：

林老师，跟您学了一年多，终于知道和孩子的心在一起，到底是什么意思、什么感觉了。

我家儿子有个习惯，每天早上6点多醒来，第一件事就是叫醒我帮他把尿。有时候，我晚上睡晚了，早上睡得正香的时候，蛋蛋就总是“妈妈妈妈……”把我叫醒。我特别困，眼睛也睁不开，就迷迷糊糊地起来帮他把尿。有时候实在困得不行了，就会让蛋蛋自己去尿尿。他不乐意，还在那儿一个劲叫我，我只得勉强爬起来给他把尿，很难受。

有一天我实在受不了了，想怎么办啊，给他定规则？让他每天起来必须自己尿尿！但是，之前也不是没有说过类似的话，没有用啊。若是（说得）太严厉了，孩子感情上又会接受不了，搞不好还会吓着孩子。怎么办呢？忽然，我想起您说的和心在一起，我一下子有点感觉了，决定试一试。

第二天早晨，蛋蛋照常把我叫醒，我帮他把尿后，对他说："蛋蛋，妈妈想请你帮个忙。每天早上妈妈都特别困，想多睡一会儿，以后你能不能不叫妈妈自己去尿尿呢？你看，尿盆就在你的小床边，自己起来尿就好了。尿完后你可以接着睡，或者自己玩一会儿。这样妈妈每天可以多睡一会儿，你看行吗？"蛋蛋犹豫了一会儿，表示不同意："妈妈，我不想一个人，我想让你帮我把尿尿。"我说："要不你试一试，你愿不愿意帮妈妈呀？实在不行，你再叫醒妈妈，好不好？"蛋蛋同意了。

第一天早晨，蛋蛋醒来了，习惯性地像往常一样来叫我，其实我早已经醒了，忍住了不吭声。蛋蛋大概叫了十来声后，看我不动，可能是想起了昨天我和他的对话，就自己下床尿尿去了，尿完后爬到我身边，说："妈妈，我自己尿尿了。"我顺势"醒"了过来，对蛋蛋说："谢谢宝贝，谢谢你这么体谅妈妈，让妈妈好好睡了一会儿。只是，今天你还是把妈妈叫醒了，以后不叫妈妈好吗？你一叫妈妈就醒了，又休息不好了。以后你自己直接去尿尿，尿完后睡会儿觉或者自己玩会儿，不来叫醒妈妈，好吗？"蛋蛋这回算是彻底明白我的意思了，点了点头。

第二天早晨，蛋蛋只叫了我三五声，就自己去尿尿了，尿完后自己去玩了。

第三天早晨，蛋蛋只叫了我一声，就自己去尿尿了，然后接着睡觉。

第四天早晨，有一个反复，蛋蛋醒来时看见我已经醒了，就让我帮他把尿，我就满足了他。我俩躺在床上，我好好地夸了他一顿："蛋蛋，谢谢你这么体谅妈妈，帮妈妈这么大的忙，妈妈最近休息得很好，所以今天醒得早了。"说完我就好好抱抱蛋蛋。蛋蛋开心得不行，觉得自己好伟大好厉害，能帮妈妈这么大的忙了。

从第五天到现在，已经两个多月了，孩子每天都是自己起来尿尿，之后该睡睡该玩玩，自然而然地形成了习惯，再也不来叫醒我了。

林老师，整个过程，我都在细细体会和感受着，体会着孩子的心，感受着我和孩子之间无言的沟通和交流，真是妙不可言，我想，这就是和心在一起吧。

现在，我越来越能体会到，真正地和孩子的心在一起，真正地理解了孩子，理解了人性，让孩子爱我们、配合我们的方法多得是，并且我发现在这种情况下，孩子也很乐意爱我们、配合我们。

反过来呢，像以前，经常不理解孩子，自以为是，孩子就不配合，没办法，只能动用规则，但是很多时候规则没有用，不仅没有用，往往搞得家庭气氛很僵。记得有段时间我家墙上贴了一大张规则表，家庭气氛特别紧张，孩子不开心，我们也不开心。现在，家里的规则越来越少了，每少一条规则，我对无分别的爱的理解就加深一层，对孩子的理解也加深一层。我现在体会到良好的家庭教育好像并不需要规则，只要心到了，我们自然能找到更加健康有效的方式帮助孩子成长。

林老师，我越来越相信，只要心到了，事情就会很容易到位。反过来，如果总是从大人的角度考虑问题，自以为是，高高在上，不和孩子的心在一起，只会适得其反。

这位妈妈“开悟”了。学会和心在一起，真是很不容易，需要我们用心，用心，再用心。

只是，在现实生活中，人们大多都在关注外在的行为和成果，很多时候人们忽略了，决定外在行为和成果的，是生命内在的自我。所以，哪个是因，哪个是果，哪个才是教育真正应该去关注的，也就很清楚了。

关注生命内在的自我，这才是教育应该努力的主要方向。关注生命内在的自我，就是关注孩子的心灵，就是和孩子的心在一起。

人们往往认为教育是一件很“机械”的事情，却忽略了人是富有情感的生命，不懂得情感，怎么进行教育？要理解孩子的情感，除了时时关注孩子的情感，别无他途。

人们往往认为教育是一件很“工具”的事情，却忽略了人是富有情绪的生命，不懂得情绪，怎么进行教育？要理解孩子的情绪，除了时时关注孩子的情绪，别无他途。

人们往往认为教育是一件很“填鸭”的事情，却忽略了人是富有意志的生命，不懂得意志，怎么进行教育？要理解孩子的意志，除了时时关注孩子的意志，别无他途。

人们往往认为教育是一件很“乖顺”的事情，却忽略了人是富有思想的生命，不懂得思想，怎么进行教育？要理解孩子的思想，除了时时关注孩子的思想，别无他途。

人们往往认为教育是一件很“呆板”的事情，却忽略了人是富有欲望的生命，不懂得欲望，怎么进行教育？要理解孩子的欲望，除了时时关注孩子的欲望，别无他途。

人们往往认为教育是一件“想当然”的事情，却忽略了人是富有自我的生命，不懂得自我，怎么进行教育？要理解孩子的自我，除了时时关注孩子的自我，别无他途。

时时关注孩子的情感、情绪、意志、思想、欲望等自我，时时和孩子的自我在一起，就是和孩子的心在一起。

孩子的情感、情绪、意志、思想、欲望等自我，随时随地都在改变，都在更新，不和孩子的心时时在一起，不随时努力去跟进和了解孩子的情感、情绪、意志、思想、欲望等自我，怎么展开教育？

即使我们竭尽全力，还经常会犯错误，更何况，当孩子遇见的是机械、工具、灌输、乖顺、呆板、想当然的教育，遇见的是不关注他们心灵的教育时，他们又要遭受怎样的不幸？

作为教育者的我们，是否真的有能力理解和掌控自身的情感、情绪、意志、思想、欲望和自我？也就是说，我们是否学会了和自己的心在一起？如果我们和自己的心都不在一起，我们真的可以和孩子的心在一起吗？

也许，我们真的只能从机械走向机械，从工具走向工具，从灌输走向灌输，从乖顺走向乖顺，从呆板走向呆板，从想当然走向想当然了。

同样，我们的情感、情绪、意志、思想、欲望等自我，随时随地都在改变，都在更新，不和自己的心时时在一起，不随时努力去跟进和了解自己的情感、情绪、意志、思想、欲望等自我，怎么展开教育？不和心在一起，展开的究竟是怎样的教育？

教育是所谓“教育者”和“被教育者”之间的互动，是他们彼此之间的情感、情绪、意志、思想、欲望等自我的互动，其间变化多端，是灵动和不可预测的。显然，相对固定不变的所谓的规则在教育中的地位和重要性，实在是比较次要的。

靠简单不变的规则或者规矩来实施教育，而藐视生命之间最重要、最丰富、最内核的情感、情绪、意志、思想、欲望等自我之间的互动，是严重不靠谱的。

教育真正的重点和核心，绝不可能在规则上。那么，教育真正的重点和核心又在哪里？

除了和心在一起，哪里还有别的呢！

所有的情感、情绪、意志、思想、欲望等自我，皆是心的显现。和心在一起，就是要去高度关注生命内在的自我，要去深入地认识它们、理解它们和掌控它们，而不是将注意力聚焦于外在的行为和成果。

情感、情绪、意志、思想、欲望等自我，是在随时变动的，这是人性的规律。所以，真正的教育，或曰，教育的真正智慧，必定也是流动无形的。如同流水，在每个独特的时机和环境，随机随景地流出来，慰藉彼此的心灵。

真正的教育，教育的真正智慧，是要去尊重、理解和接纳生命的每一个情感、情绪、意志、思想、欲望等自我，与自我深入沟通和对话，包括我们的，包括孩子的。

这就是无分别的爱。

生命真正通往幸福之道就在这里。

生命教育、心灵教育、人性教育真正的皈依也在这里。

当我们开始去关注和理解生命的每一个情感、情绪、意志、思想、欲望等自我，渐渐地，我们对自身心灵的掌控越来越深入，同时，我们对孩子心灵的了解也越来越深入。有一天，我们会惊奇地发现，我们拥有了一种神奇的能力，那就是，能清晰明了地看到：

教育的关键在哪里，如何把握之。

教育的时机在哪里，如何抓住之。

教育的势能在哪里，如何营造之。

教育的度和界限在哪里，如何处理之。

……

教育的智慧，会在我们的心中，自自然然、清清晰晰、明明了了地流出来，随心而动却又毫不逾矩，变化无方却是恰到好处，看似无为实却无所不为……就这样，我们和自己的心在一起，和孩子的心在一起，让来自生命本源的智慧，无分别地慰藉彼此的心灵，滋养彼此的心田，绽放彼此的心花。

7

被打的故事——倾听来自心的声音

分享课上，叽叽喳喳，一片热闹，燕子老师正忙得不亦乐乎，一抬头，看见远处龙龙抢走了跃跃手里的娃娃熊。跃跃不干，让龙龙还给自己，龙龙怒了，去抓跃跃的脸，燕子老师吓坏了，幸亏没抓着，燕子老师正要说话，龙龙又去抓跃跃的脸，幸好还是没抓着。燕子老师紧张得不行，正要开口，龙龙开始第三次抓跃跃。真是迅雷不及掩耳之势啊，这回抓着了，跃跃一下子大哭起来。

燕子老师三步两步赶到，分开两个小朋友，一把抱住跃跃，看看跃跃的脸上有三道明显的长长的血痕，燕子老师心疼极了，抱着跃跃，安慰跃跃。

慢慢地，跃跃终于不哭了，平静了下来，燕子老师问他："跃跃，龙龙抓你的时候，你为什么不躲啊？”

没想到，这一问坏了，跃跃又开始号啕大哭。燕子老师只能把疑问暂时压在心底，陪着跃跃发泄情绪。

放学的时候，跃跃妈妈来接跃跃，燕子老师很抱歉地对她说：“今天我没来得及阻止，跃跃被小朋友抓了，脸上有三道长长的血痕……”

跃跃妈妈急了，没等燕子老师说完，一把拉过跃跃，看见脸上的血痕，冲着跃跃大喊：“不是告诉你了吗？人打你，你也打他！怎么这么窝囊！记住，以后碰到这种事情就还手！记住没有！”跃跃木讷地点点头，被愤怒的妈妈拉着回家了。

燕子老师心里虽然很不是滋味，但她高兴的是问题的答案已经浮出水面了，对接下来如何帮助跃跃，她胸有成竹。

第二天早上，在户外活动时，燕子老师抓住机会和跃跃进行了单独的沟通：

“老师知道你昨天为什么被抓了。”

“为什么呀？”

“因为你没有躲！”

“老师，这不是废话吗？”

“那你为什么不躲？”

“……”跃跃不吭声了。

“老师知道！”

“老师，那你告诉我，我也想知道为什么。”

“你其实想躲，但是想起妈妈让你打，你又不想打，就不知道该怎么办了。躲，还是打；打，还是躲；躲，还是打；打，还是躲……老师想你心里一定很纠结，导致大脑一片空白，不知该怎么反应，于是就被抓了。”

显然，这个答案完全出乎跃跃的预料。跃跃沉思了好一会儿，说：“老师，你真厉害，真的是这样，你怎么知道的？”

“昨天你妈妈告诉我的。”

“老师你骗人，昨天妈妈没跟你说话。”

“但是妈妈跟你说的话我听见了，于是老师就知道答案了。”

“……”跃跃又不吭声了。

“跃跃，你认为妈妈说的话对吗？”

“我不知道。”

“那你自己怎么想的？你想打龙龙吗？”

“我不想！”

“你其实就想躲，躲过去再想办法，是不是？”

“是！老师，你怎么知道的？”

“老师了解你啊。但是，妈妈又让你这样做，你自己又不想这样做，怎么办？”

“老师，我不想听我妈妈的，你告诉我怎么做吧！”

“跃跃，老师告诉你，你不用听任何人的话，包括妈妈的，也包括老师的，你只需要去听你自己内心的话。”

“这是什么意思？”

“你对如何处理和小朋友之间的关系，包括抢玩具的事，是不是有自己的想法？”

“是啊。抢就抢了，没什么了不起的。”

“很好啊，这就是你自己的办法，那你有时候会不会委屈呢？会不会生气呢？”

“有时候也会，那我就跟他好好商量，实在不行，我也会冲着他喊……有一次我生气了就是这样做的。”

“有时候是不是也会没办法呢？”

“有时候也会，但一般总是能想出办法。”

“也就是说，去听自己内心的声音，其实它会告诉你怎么做，你只需要按照自己的心声去做就行了，是不是？”

“是的。”

“实在不行，你还可以来找老师帮助，是不是？”

“是的，老师。”

“看来你方法很多啊！那你现在怎么看待妈妈的话？”

“老师，我不听她的，我听我自己的。”

“如果妈妈的话是对的，你又不听，这样好吗？”

“不！我自己的声音才是对的！别人再对，那也是别人的，不是我的！”

这回轮到燕子老师惊讶了，5岁左右的小朋友竟能说出这样富有哲理的话。

作为幼儿教育工作者，我们有幸，总是能听到这样富有哲理的话。

孩子是我们精神的导师，而我们只是引导他们打开自身心门的仆人。生命的心门一旦打开，智慧就会源源不绝地流出来。

有些父母认为，孩子就是白纸，是无知的，需要我们先给他打好底色，搭好框架，甚至很多时候，需要手把手教会他怎么做、怎么说，若任由他自由发展，就会长偏。这自然也是教育，只是，这是第三第四流的教育，如此而已。

各位，要小心，这样的教育一多，只会慢慢地把我们的孩子教成机器，教成木偶……

这还不可怕，更要命的是，这会让我们的孩子内心纠结不已！

为什么？

因为，这样的教育，根本不倾听孩子内心的声音，也不让孩子去倾听内心的声音，而是强行的灌输，强行的侵略。这个时候，外在的声音和孩子内在的声音，就会起剧烈的冲突。跃跃被抓这件事，只是这种冲突万分之一的显现而已。

这与其说是教育，不如说是摧残和破坏。

当一个人的内心经常被灌输、侵略、摧残和破坏，经常被强烈的纠结占据着，他还能成为怎样的人呢？

他还能活着，就已经是一个奇迹了！只是，虽然活着，生命的色彩和灵动，生命的创造和活力，却已经在不知不觉中枯萎凋谢了。

真正的教育，首先要搞清楚，真正的老师到底在哪里？

除了我们的心，上哪儿再去找一个好老师呢？

所以，什么是真正的教育，也就很清楚了。

每个人都有心，每个人的心都一样博大、光明、宁静、致远……

所以，每个人都拥有无分别的真善美，每个人都值得爱，值得尊重、理解、信任。

每个生命是如此尊贵和平等，因为它们都有同样的本心。我们所要做的，就是把这扇尊贵和平等的本心之门，慢慢打开。我们所要做的，就是帮助孩子们知晓，如何去和自己的心沟通，如何慢慢打开这扇尊贵和平等的心门。

这是真正的生命教育、心灵教育、人性教育的唯一目标，也是唯一技巧，老师之所以被称为人类心灵的工程师，原因也在这里。

当心门打开，心声与智慧流露出来，人性的光芒照射出来，我们只需要跟随着、倾听着、理解着、欣赏着、接纳着……偶尔帮助一下、引领一下。就是这样尊重着、陪伴着，没有任何扰乱、任何侵袭、任何破坏。渐渐地，心门越打越开，光芒越来越盛；渐渐地，神圣的人性之光开始照天彻地，我们拥有了伟岸而自由的生命。

8

怪癖的故事——爱不需要理由

牙牙有个怪癖，每次洗手的时候，趁老师不注意，就把毛巾往马桶里扔。主班毛老师和家长沟通这个问题，没想到妈妈说，在家里也这样，已经一年多了，怎么说怎么惩罚都没用。毛老师和家长聊了很久，还是找不出原因。但是，老师和家长达成一致，之后对这种情况不予批评和指责，而是以包容为主。

一次手工课上，毛老师带领大家做了一个超级大的纸壳马桶，然后组织大家开始扔毛巾比赛，看谁能把毛巾准确扔进马桶里面，次数多的人获胜，奖励举着马桶绕教室三圈。

这个游戏可把大家乐坏了，牙牙更是兴奋得都快疯起来了。毛老师不停变化玩法，大家几乎整整一个上午都在玩这个游戏，开心得不得了。别看牙牙经常扔，但扔得并不准，尽管这样他还是很开心。游戏结束后，毛老师把纸壳马桶放在教室一角，跟大家说："以后可以在游戏时间自由玩这个毛巾扔马桶游戏。"

毛老师发现，大家对这个游戏的热度很快就下来了，唯独牙牙的兴趣一直不减，他总是找小朋友玩这个游戏。偶尔趁老师不注意，跑到厕所里，往真马桶中扔毛巾，老师们就当作看不见。虽然牙牙还扔，但频率明显比原来低多了。

有一天，牙牙跑来找毛老师："毛老师，×××把马桶踩扁了！"

毛老师："那你想怎么办？"

牙牙："我还想玩。"

毛老师："那怎么办？"

牙牙："毛老师，你把它修好吧。"

毛老师："你自己试着修补一下好不好，修不好再来找老师。"

牙牙："好吧。"

牙牙就自己去修马桶了，还找了小丫一起来帮他。修理一个踩扁的马桶可不容易，当天牙牙花了半个多小时，也没有修好。小丫不耐烦跑去玩了，剩下他自己一个人还坚持修着。

毛老师就跑过去帮他，修着修着，毛老师说："这破马桶修好了也是破马桶，要不我们把它改成别的东西吧！"

牙牙一下子来了兴趣，问毛老师："改成什么呀？"

毛老师问他："你喜欢什么？你喜欢什么我们就改成什么。我看你喜欢踢球，要不就改成足球吧。"

牙牙举双手赞同，和毛老师一起，很快就把纸马桶改成一个足球了，还在中间夹了一块毛巾，毛巾的一个角还露出来一点，提着这个角就可以把整个球都提起来了。

牙牙提着这个足球，真是爱不释手，马上就呼朋唤友玩去了。

牙牙玩这个纸足球玩了好长一段时间，修了坏坏了修，毛老师也记不起牙牙到什么时候才不爱玩的，只是，毛老师清楚地记得从此后，牙牙再没有往马桶里面扔过毛巾。

很多时候，孩子为什么要这样做，我们是可以找到原因的。找到原因，我们就可以对症下药，帮助生命成长。

但是有些时候，我们会百思不得其解，那也没有关系，只要我们坚信：虽然我们不知道原因，但是一定有原因，并且不管是什么原因，对于这个孩子来说，都是合情合理的，都是至关重要的。

那么，怎么办也就很清楚了，多多尊重他、顺应他、满足他，这样肯定错不了。

把握了这个原则，就可以做到无为而无不为，就可以随心所欲不逾矩，创造出种种的方式方法，帮助生命成长。

这样的教育，教育者和被教育者，都是自由而欢畅的。

教育的方式看起来千变万化，区别很大，但是，教育的本质和精髓是无条件的尊重、理解和信任，却是从始至终没有改变也无须改变的。

关键不是是否知道，而是是否愿意去选择尊重、理解和信任。

关键在是否愿意把自己的心，放在和孩子的心同样的高度和角度，是否愿意把自己的心，放在和他人的心同样的高度和角度。

我们总是喜欢把孩子的行为分成三六九等，贴上种种标签，好的赞美、强化，坏的否定、纠正（此即为“有分别的爱”）。可是，所谓的好坏，只是从我们的角度来看，从孩子的角度呢？

把生命的视角再拉长一点，来看看成年人，每个成年人或多或少，都会有自己的怪癖，你认为你自己的怪癖合理吗？能接受吗？需要别人尊重吗？需要别人干涉吗？需要他人来强行抹掉吗？

我想，答案是不言自明的。每个生命，在骨子里面，在灵魂深处，都需要他人从自己的角度来考量问题，都需要他人的尊重、理解和信任，都需要他人无分别的爱。

我们为什么不能把我们所需要的也给予他人呢？

问题出在哪里？

真正的教育，真正的爱，是一件如此简单的事情，但为什么我们会困难重重？

答案很简单，因为我们从来没有获得过充分的“无分别的爱”，我们得到的一直是“有分别的爱”。在成人眼里，作为孩子的我们，总在犯很多错误，总是不完美，因此，伴随我们生命的，总是无数的否定、指责、扭曲和变形。显然，“有分别的爱”借着种种无比崇高和正确的理由，在无尽的岁月侵袭中，早已把我们的心灵，冲击得七零八落，毁坏得千疮百孔。我们就这样长大了，我们的心灵伤痕累累，虚弱无力，导致我们除了向外面（向孩子、向父母、向配偶、向朋友、向金钱、向物质、向地位、向名声……）无尽地索要外（以弥补虚弱的心灵），再也没有多少余力余能给予他人了。

难道我们还希望我们的孩子，我们的子子孙孙，依然过着像我们过去那样的生活，长大后，依然像我们这样的无力和无能，依然像我们这样因为心灵伤痕累累而虚弱无力吗?

时代的进步，归根结底，要归到教育的进步上。

我们之所以比父辈更健康、更幸福、更出色，是因为我们得到了更好的教育。而我们的后代比我们更健康、更幸福、更出色，也只有一个原因：他们得到的教育比我们的更好。

所以，请以“无分别的爱”代替“有分别的爱”吧。

要知晓，给予你最亲爱的孩子最好的东西，不如给予最好的你。

遇见拥有无分别的爱的能力的教育者，是你孩子一生最大的幸运。

你可以给予你最亲爱的孩子，这个人生最大的幸运吗?

9

幽默的故事——做一个好玩的教育者

有一次，3岁的亮亮没站稳，头碰在钢琴上了，正苦着脸，王老师说："恭喜你，你终于有机会碰到你的头了。"亮亮咧开嘴乐了。

有一天，吃饭时，4岁的小宝又把汤洒了，衣服全湿了，他对衣服郑重地说："恭喜你，你又喝水了。"

有一次，分享课上，贝贝带来的爆米花撒了一地，张老师说："哎呀，一会儿就长出一堆来了。"孩子们就笑，纷纷嚷着："都长出什么来啊？章鱼？狮子？大树？玉米？星星？……快躲啊快躲啊，一会儿全长出来了。"

有一天，泽子摔了一跤，燕子老师打趣他："今天摔跤时捡到啥宝贝了？"泽子严肃地说："老师，今天啥都没捡到，只捡到了一根头发。”

有一次，我在离幼儿园几十米的路上遇见6岁的小欢，问她：“花径美德幼儿园怎么走啊？我迷路了，告诉我该怎么走吧。”小欢笑得不行，故意给我指了一条弯路。

有一天，我一早站在幼儿园门口，迎接孩子们的到来。安仔来得挺早，只是噘着嘴，不高兴的样子。妈妈说，问林老师好，结果安仔瞪了我一眼。我笑着说：“安仔，你这个问候也太酷了，来，再给老师来一个。”安仔不好意思地溜进了幼儿园。

有一次，我听说安安和宝宝恋爱了，就对安安说：“我听说你们班张老师恋爱了，你知道什么叫恋爱吗？”安安郑重地说：“我又不是她男朋友，我怎么知道？”

有一天，我去幼儿园，正好早上是5岁的宁宁值门岗，宁宁奶声奶气地说：“林老师，你是领导，怎么能最后一个到呢？这样可不好，下次不要这样了。”

有一次，小宇磕在鞋柜上，脑袋鼓起一个包，哭个不停，李老师跑过来，端详着他的脑袋，说：“小宇，你这回成大头儿子了，今天下雨不用打伞。”小宇扑哧就乐了。

有一天，我和乐乐在操场上玩，夏天，草长得很茂盛，乐乐看着这些草发愁：“哎呀，这草长啊长啊长，都长到天上去了，人上哪去啊？”他愁人没地方待了，真是可爱。我跟乐乐他爸说：“老杨啊，乐乐和我说，草长到天上去，人就没地方待了。”乐乐爸爸说：“这孩子的脑洞真大。”

这样的趣事天天都发生在我身边。

真正的教育，就是这样的快乐无比！每天都是无数的欢乐开怀。

做一个好老师很简单，经常开怀大笑就可以了。

做一个受欢迎的人也很简单，经常开怀大笑就可以了。

做一个好父母也是如此简单！

给大家一个好老师、好父母、好人的标准：好玩。

好玩的人，就一定能成为好老师、好父母、好人。

讲生命讲心灵讲人性或许听不懂，讲好玩，可是人人都懂的。

当然，你可以不同意，你也可以坚决反对。你或许还会说，傻子每天也乐呵呵的。

哎，好老师就是一个傻子，一个很单纯的傻子啊。

你想，若不是傻子，若不是极单纯的傻子，怎么可能认为每个孩子都是好孩子，每个孩子的言语举止都是好的善的美的呢？

可不，也就只有傻子才能这样想、这样做了。

是呀，但凡聪明一点，他就应该对过去、现在、未来都忧心忡忡、未雨绸缪、深谋远虑。这样一来，可真是愁，都快愁死了。

过去、现在、未来，本来无分别，一样都是愁。

反过来，过去、现在、未来，本来无分别，一样都是乐。

10

狗屁的故事——语言和力量

光光最近特别爱说“狗屁”“臭粑粑”之类的话，妈妈很发愁，来找孙老师。

妈妈：“孙老师，最近光光在幼儿园是不是也总说脏话？”

孙老师：“是啊，总说‘狗屁’‘臭粑粑’之类的。”

妈妈：“那怎么办？这多不好！可不能老说脏话。”

孙老师：“你特别在意他说这些吧？”

妈妈：“嗯。”

孙老师：“你是不是觉得他这样很不礼貌？”

妈妈：“是啊，特别难听，这样下去怎么办啊？”

孙老师：“你很担心这些语言对他大了会有影响吧？”

妈妈："是。"

孙老师："难道真不能说吗？"

妈妈："噢。"

妈妈没再说什么，自己想了想，很快也想明白了，回家时对孙老师说："我尝试着这段时间不去理会这个。"

妈妈后来跟孙老师"汇报"："我发现很奇怪，以前老管他说他，不让他说脏话，好像是越管越来劲，说得越多。后来决定放手不理会，慢慢地这段时间他就说得越来越少。"

孙老师插了一句："是啊，在幼儿园我也完全没有听到他再说这些。"

妈妈："现在是越来越能体会林老师说的'自己的心放下来，孩子的心也就自然放下来了'。越纠结，越成问题。"

孙老师："林老师说过，当你把一件事真当回事的时候，它就真成事了。"

妈妈感叹道："以前总觉得林老师把一切都看得很简单，可自己总是怀疑，不怎么理解也不怎么相信，现在看起来，真理就是很简单的。这段时间我又仔细复习了林老师给我们讲过的（内容），发现其实只是看起来简单，细细一想，（内涵）深得不得了。"

孙老师："林老师总跟我们说，简单也好，深奥也好，都不重要，重要的是我们按此行动，就能受益。"

妈妈："是啊，谢谢老师，我自己要多学习、快成长。"

孩子为什么要说脏话?

很重要的一个原因，就是说脏话会带给生命“我有力量”的感觉，所以几乎每个孩子在某个阶段都爱说脏话。

这是好事还是坏事?

当然是好事！这是生命成长过程中很好的力量来源之一。

我们只需要尊重他、理解他、接纳他。当这个时间段过去后，脏话会失去新鲜感，不再会带给生命什么力量感，孩子也就不说脏话了。

大家看见没有，生命从来就不会去做任何没有意义的事情。

问题的关键始终是：我们是不是真的尊重、理解和信任生命。

什么时候，脏话会持续有意义?

当孩子说脏话的时候，当他在感受“力量感”的时候，他被管教、被打击、被训斥……这个时候，他的“力量感”被剥夺、被威胁，他需要从脏话中持续获得“力量感”，来支持自身生命的前行。于是，脏话就会陪伴他一生，就像我们现在，脏话多得很，内心深处全是无名邪火。

我并不是鼓励孩子说脏话，只是跟大家分享科学、真理、人性和规律。

说到这里，有的父母可能会很不认同，说只要严格要求，就不怕孩子不听话，不能惯了他这毛病。

你说的有道理，但在种种暴力和威胁的严格管教下，孩子不说脏话只是不在口头上说而已，他会：

嘴上说“叔叔好”，心里骂“这个混蛋”。

嘴上说“老师好”，心里骂“×××”。

嘴上说“小宝好”，心里骂“这个傻×”。

……

这种事情，实在是太多太多了。

如果你宁愿追求这个，也不允许孩子说脏话，我无话可说。

很多时候，我们这么执拗，就是要赢这赢那，就是要补偿当初不被允许说脏话而在内心深处积累的深深的“无力感”和“挫折感”。

说脏话和讲礼貌，都是生命成长的必需，需要引导，而不是管教。不管孩子说什么，统统予以尊重、理解和信任，予以完全的接纳。

这就是无分别的爱。

无分别的爱不是“不管”，而是最高的接纳，千万要搞清楚这一点。

什么是最高的接纳?

就是你的内心要完全地尊重、理解和信任孩子。在此基础上，你的每一个眼神、表情都是接纳孩子的，而不是逼着自己不说话，但是眼神和表情里面，全部都是焦虑、紧张、生气、害怕、厌恶、提防、绝望、无助……如果是这样的“不管”，那你还真不如骂孩子一顿好了。

你骂孩子一顿，孩子心里还舒服点，也许是犯错了，但被你骂一顿，双方扯平，接下来，继续这个游戏：继续“错”，继续骂，继续“扯平”，继续……很多家庭就是在永恒地玩这个游戏，彼此不亦乐乎。

反过来，父母装作不在意、不说孩子、不骂孩子，其实心中充满在意，通过所谓“温柔”“无助”“严厉”的眼神和表情来控制孩子。这个时候，孩子会认为自己站在“道德低地”，好像什么都是他的错（因为爸妈伪装得很好啊），但是基于天性他又不得不发展自己的生命，他又不能放弃自己的行为，这个时候，这个生命会一辈子背负犯罪感和负疚感前行，这个生命就实在太可怜了。所以说，如果是这样的“不管”，还真不如骂孩子一顿好了。

你的家庭，是哪一种呢?

希望读到这里，每一位父母能与我慢慢建立起一个共识：无分别的爱，关键是心在哪里，是有没有真正站在孩子的角度，站在生命、心灵、人性的角度，来尊重、理解和信任。关键是，要把我们的自以为是，要把我们的无知和偏见，统统放下来。

真正的教育，其实只有一个关键：心在哪里，而不是方法在哪里。

方法是无穷无尽的，任何一件事情，当下至少有三种解决方法。包括孩子说脏话，也并不是不可以骂孩子，不可以批评孩子，不可以说教孩子。关键不在方法，而是当下的你为什么要这样做。是基于你的自以为是，是因为你的自我管理出了问题，还是真正基于对生命和人性的深深了解和接纳?

无分别的爱是生命教育、心灵教育、人性教育最高深的学问，也是最简单的学问。当你的心没有放下来，没有到位，它就是最高深的学问；当你的心彻底放下来，彻底到位，它就是最简单的学问。

高深，还是简单，取决于你是否真的愿意诚实而勇敢地直面自身的真实灵魂，取决于你是否真的愿意将主要精力用于自我改变、自我成长。

11

抠手的故事——输赢的学问

这两天主班毛老师请假，把配班小王老师忙得够呛。今天，毛老师来上班，小王老师说："毛老师，你终于回来了，这两天发生了一件大事，可把我愁坏了。"

下面就是小王老师说的大事：

"毛老师，小单昨天手上起皮了，他就抠啊抠啊抠，结果皮被抠破了，出血了，他哇哇大哭。我赶紧给他拿创可贴，结果他就开始抠创可贴，抠啊抠啊抠，一会儿创可贴又被抠坏了，就让我给他换，我不换，他就使劲哭喊。没办法我又给他换了一个，结果一会儿又被他抠坏了，又哭着喊着让我给他换，我只能再给他换一个。就这样，昨天一天，我给他换了十来个创可贴，弄得我什么事都做不了。任凭我怎么跟他讲他也不听，还是不停地抠。我不给他创可贴又怕他把自己的手给抠坏了，真是愁死我了。”

毛老师安慰小王老师：“你先静会儿心，一会儿等小单来了，我好好观察观察。”

一会儿，小单来幼儿园了，果然手指上贴着创可贴，贴得好好的也没有坏。正式上课了，小单又开始抠创可贴，毛老师没有干预，只是静静地看着。一会儿，创可贴又被抠坏了，小单带着哭腔叫老师。小王老师赶紧给他换了一个，换完后小单就没事了，毛老师还看见他扭过头偷偷地笑。

一上午，这样的游戏持续了好几次。小王老师又给小单换了三次创可贴，搞得医务室都有意见了。

当创可贴被第四次抠坏时，小单又叫老师换。毛老师走了过去，对小单说：“小单，这个游戏今天已经玩了几次了？”

小单：“老师，什么游戏啊？”

毛老师：“抠创可贴的游戏啊。”

小单：“……”

毛老师：“老师看见你上午和小王老师已经玩了三次了，每次都是你赢，恭喜你。”

小单还是不说话。

毛老师：“我听小王老师说昨天这个游戏玩了十来次，也是次次是你赢，恭喜你。”

小单咧开嘴笑着，马上好像又意识到什么，又哭起来：“我要创可贴，我要创可贴。”

毛老师拿出一个创可贴帮小单换好，对他说：“这是最后一个创可贴了，这个抠坏了，就没有了。”

可是没一会儿，这个创可贴也被抠坏了。小单又叫老师换，毛老师走过去，温柔而坚定地对他说：“小单，这是最后一个创可贴，没有了。”

小单不答应，开始大哭：“我要创可贴，我要创可贴。”

毛老师温柔而平静地说：“小单，老师理解你的心情，你可以哭一会儿，但是创可贴真的没有了。”

小单伤心地大哭，边哭边抠自己的手，一不小心碰到伤口，哭得更厉害了。毛老师和小王老师轮流陪着他。半个多小时后，小单看看实在没有办法，也就不哭了。

接下来，小单还是会抠抠手指，但每次都小心翼翼，生怕弄疼自己。就算这样，他还是经常把自己抠疼，疼的时候就哭一会儿，玩了两天，他就再也不玩抠手指的游戏了。

大家可以思考几个问题：小单为什么要不停地抠手指？为什么要不停地想尽办法要老师帮他换创可贴？他玩的是什么游戏？

他玩的不是手指的游戏，也不是创可贴的游戏，他玩的是关于“征服”的游戏。

他要“征服”的人是谁？表面看来是老师，心灵深处是他的爸爸妈妈。

什么样的孩子，会通过伤害自己的方式来获取注意力，来获取内心深处极度渴望的“赢”和“征服”？一定是安全感严重不够的生命，一定是从父母那里得到“无分别的爱”很少的孩子。

我们来还原一下现场，看看这场游戏到底是怎么一步一步发展成最终这个样子的。

第一阶段：一开始，小单就是想玩手，和自己的小手展开一个探索的游戏，可是不小心抠疼了。这个时候，有一个人出现了，进入了这个游戏，这个人就是小王老师。

第二阶段：小王老师基于爱小单，生怕小单弄疼自己，就给了小单一个创可贴。这个时候，小单是能感受到老师的爱的，但他和手指的探索游戏并没有玩够，他就开始抠创可贴。

第三阶段：当小单第一次把创可贴抠坏，小王老师拒绝更换的时候，小单感受到深深的失落。这个时候，游戏忽然之间变味了，从开始的小单和手之间的探索关系，一下转变成小单和小王老师之间的“征服与被征服”的角色关系了。

留心这个关键的时刻，教育经常是在这个关键的时刻走入歧途。

第四阶段：一天十多次地玩“征服与被征服”的游戏，怎么玩也玩不够，说明什么？说明这个孩子缺爱，说明这个孩子在之前的生命历程中，经常被“分别”、被“征服”、被“输”、被“指责、管教、不尊重、不理解、不信任”……所以，他怎么玩也玩不够。他宁愿自己受伤一点、弄疼一点，也要去充分享受“征服和赢”的快感。他在“滥用”小王老师的爱，但是他没有能力阻止自己，因为他太渴

望、太享受这样的感觉了。

这就是心很受伤的孩子的行为，我们要知道，不健康的孩子，才会无度。健康的孩子，哪里会无度！健康的孩子偶然也会玩这样的游戏，但是很容易满足。

也许，这个时候，你开始真正意识到了问题在哪里。

表面看来，是要征服老师，要赢老师，实质上，是渴望父母对他的认同、赞美和欣赏，渴望父母对他无条件地尊重、理解和信任，渴望父母对他无分别的爱。

这也是毛老师为什么要恭喜小单，指出他赢的原因。

有时候，我表扬孩子，都得把爸爸妈妈带出来。

“恭喜你，你这样做不仅老师自愧不如，恐怕连爸爸妈妈都比不上啊……”“我代表妈妈告诉你，你又赢啦！我代表爸爸告诉你，你又对了！我代表爸爸妈妈告诉你，你已经赢了，不用再玩这游戏了……”诸如此类的话。

原因也是在这里。

问题是，我们经常会遇到煞风景的家长朋友，一声怒吼和指责，把老师的一片苦心和长时间的努力化为乌有。

第五阶段：毛老师的出现，温柔而坚定的语言和措施，只是为了终止当下低效有害的关于“征服与反征服”的游戏模式，恢复“探索自己的小手”这个本真的范畴和意义。当游戏恢复它的本真，持续的时间就取决于游戏本身对生命的吸引力，像抠手的游戏，注定不会持续太长时间。其他，如吃手、骂人、电视、零食、网游、iPad等，本质皆是如此。因此，父母们遇到上述现象，应该如何处理，也就清楚了。

很多家长一味关心孩子的行为，一味努力纠正孩子的行为，殊不知真正强化孩子“不良”行为的，正是这些爸爸妈妈的“奋斗”精神，正是这些爸爸妈妈要执着证明孩子不对、要孩子“输”的精神。

我们要知道，这个世界上最容易上瘾、最容易让人沉迷的游戏，就是跟爸爸妈妈的斗争，就是跟爸爸妈妈之间的征服与反征服的游戏。可怜的孩子，他不知道，爸爸妈妈怎么可能被战胜呢？所以，这个游戏往往会持续孩子的一生，甚至在爸爸妈妈过世之后，很多看似无厘头的行动会依然继续，目的只是为了证明自己“需要被爱”或“值得被爱”。

这并不可笑，相反，这可以说是人世间最可悲的存在。

为什么会这样呢？因为当生命最重要的自我尊严、自我安全、自我力量被侵害的时候，生命必定会全力反击，殊死搏斗。

很多时候，不是我们不努力，而是我们的努力选错了方向。

回到小单这件事上来，接下来，该如何弥补孩子内心的空洞，如何让孩子已经输得伤痕累累的心恢复正常呢？

除了让孩子以健康合理的方式“赢个够”，哪里还有什么别的办法！本质上，这里所有的故事，都是在和大家分享让我们的孩子“赢”的学问。

亲爱的孩子，你没有什么失败，相反，你全身都是成功，你是个处处都值得尊重、理解和信任的“超级赢家”。

亲爱的孩子，你无须通过伤害自己来获取关心和爱，也无须通过伤害别人来获取注意和胜利。我知道，无论你伤害自己，还是伤害别人，都只是在索要对你生命成长来说至关重要的爱、尊重、理解和归属，只是想要获得生命成长所需的足够的安全感和力量感。你需要足够的“赢”，如此而已。

所以，请放下对他人的伤害，放下对自己的伤害。亲爱的孩子，来到我身边吧，我会陪着你，在“无分别的爱”的世界中，帮助你远离伤害，疗愈伤口，获得力量，成长心灵。

爱你，如同爱己。

这就是无分别的爱。

孩子受到“有分别的爱”的时间越长，心就越受伤扭曲，要疗愈这受伤扭曲的心，需要的“无分别的爱”的时间也就越长。

每个孩子生下来，心灵都是健康纯真的。真正的教育，真正的生命教育、心灵教育和人性教育很简单，只要好好维护孩子这颗自然纯净的本心就好了，其他什么都不需要做。

但显然，我们做得太多了，只可惜，大多是不该做的，而真正该做的，却又做得太少！生活和生命的真正悲剧就在这里，每个家庭当深思。

在有分别的爱的环境中，孩子很容易受伤。我们幼儿园的老师发现，很多时候，孩子来这不是来受教育，而是来疗伤。能疗伤也不错啊，只是，如果连疗伤都不能呢？

教育不要去追求培养这培养那，能让孩子不受伤的教育，就是世上最好的教育！至于治疗的教育，已经是等而下之、无可奈何的选择。我们可不可以让我们的孩子，尽量不受伤、少受伤呢？

最后，再次提醒大家：请不要轻易介入孩子的生活、学习和工作，除非你的目的是让他输。

12

“撒谎”的故事——没有压力的世界

1

周一晚上，陈老师给皮皮提裤子的时候，发现裤子鼓鼓的。

陈老师：“皮皮，这是什么啊？”

皮皮：“没什么，真的没什么。”

陈老师：“让老师看看吧，都装了些什么啊？”

皮皮：“……”（皮皮不敢给老师看，小手一直压着裤兜。）

陈老师：“你担心老师会说你，是吗？”

皮皮：“嗯。”

陈老师：“老师特别想知道你装的是什么？不管是什么，老师都不会批评你。”

皮皮听到这里，点点头，慢慢地把手从口袋里拿了出来。一看，是一大把彩泥，还有娃娃家的珠子、项链、纸叠的飞机等。

陈老师：“哎呀，皮皮，你的口袋里这么多宝藏啊，老师都惊呆了，你的口袋真是百宝箱啊。”

皮皮：“嗯，我就是想玩这个彩泥，我想把它拿回家去玩。”

陈老师：“嗯，你可以拿回家，之前请先和老师说一声，好吗？老师找不到，会着急的，别的小朋友想玩的时候找不到也会着急的。”

皮皮：“嗯，陈老师，那我现在就跟你说，我想把彩泥拿回家玩。”

陈老师：“你特别想把它拿回家玩吧？”

皮皮：“嗯。”

陈老师：“好，咱俩做个约定，老师同意你今天晚上拿回家玩，但是明天早晨记得一定要把它带回来，不然明天小朋友玩的时候找不到，老师就没有办法了。你看这样行吗？”

皮皮：“好吧。”

陈老师：“皮皮，还有这么多别的东西呢。这样，你一天选择一样，可以拿回家玩，其他的放在幼儿园，可以吗？”

皮皮：“嗯。”

最后，皮皮还是选择拿彩泥，把项链等送到娃娃家去了。

第二天一早，皮皮很遵守约定，把彩泥带回来了。

2

一天上午，窦老师发现小齐兜里装了很多气球。小齐挨个给大家发，边发边说："这是我从家里带来的，发给你们，每人都有份。"

窦老师心想：好大的手笔啊。

下午的时候，窦老师准备第二天的课，需要一些气球，她打开储物箱后发现，原来一大袋子的气球，已经所剩无几，窦老师这才明白小齐的大手笔是怎么回事。

窦老师把小齐叫过来，平静地说："我准备明天上课和小朋友一起玩吹气球的游戏，可是你看，现在气球都没有了，我很着急，怎么办？"

小齐倒是敢作敢当："老师，我拿了，我已经帮你发给他们了，每人都有，你就不用再发了。"

窦老师哭笑不得："你们是不是特别想玩气球？"

小齐："是。"

窦老师："那咱们把明天的课改到今天，每人一个，其余的气球，请你帮我收上来还给我，好吗？"

小齐："好的。"

小齐去要气球，有的孩子很好说话，一要就给。有的孩子根本就不给，说"你送给我了，就是我的东西了，你就不能要回去"。

小齐就来向窦老师求助，窦老师说："我也不知道怎么办，你自己想办法吧，还有10分钟时间，你抓紧吧。"

小齐只能自己想办法，下面是他想出来的招数。

其一："你先还给我吧，等我妈妈买了，我再给你，明天我就让妈妈去玩具店买。"

其二："你同意还给我，我就让你当金刚（《铠甲勇士》里的角色），不给我，我就不承认你是金刚。"

其三："我马上就要过生日了，你还给我，我就请你去我们家吃蛋糕。"

其四："你还给我，今天吃饭，我不站第一，我把第一让给你。"

……

孩子有的是办法。

3

幼儿园给学前班配了一大盒彩笔，全新款式的，跟以前的都不同，不仅环保，而且外观精致，非常好看，小朋友们都很喜欢，上手工课的时候，一会儿就被大家领光了。

每天放学离园之前，小朋友们都要把书、笔、玩具等归位，可是当天晚上，张老师发现，盒子里面的彩笔只剩下几支了，其余的则不见踪影。

过了一会儿，泽子妈妈拿来了两支笔，说在泽子书包里看见的，不是他们家的，估计是幼儿园的，就给送来了。

张老师感谢了泽子妈妈，但是其他的呢？还差好多呢。

第二天上课的时候，张老师说："老师有一件特别伤心的事情，大家看看这个盒子，本来这个盒子里面的笔是一家人，团团圆圆的，但是现在就只剩下这几个孤苦伶仃的，它们肯定特别伤心，你们愿意把其他的笔送回来，让它们团圆吗？"

孩子们纷纷说："愿意。"

孩子们有掏书包的，有掏兜的，把笔都放回来了。

但还是不完整，还差四支。

张老师说："哪里还有呢？笔笔们还是没有团圆啊！"

这时本本说，他那还有两支。

哦，这回就只差两支了。

张老师看看大家，大家都说："没有了。"

张老师说："哎呀，大家看看，盒子里的家族成员还是不齐全，多可怜啊。"

泽子看看张老师，然后说："老师，我兜里还有两支，我妈昨天没还完。"

这盒彩笔现在还在学前班里，一支不少。我想，这就是信任的力量吧。

孩子们真是可爱。

大家可能会问，这几个故事里面没有"撒谎"啊？怎么叫"撒谎的故事"呢？

是啊，起这个名字，是想和大家分享，没有"撒谎"这回事。你认定孩子会撒谎，撒谎就一定会存在。我们不这么认为，它也就不存在了。

也许对很多家长来说有点不好理解，那么我们换个说法。

先来问大家一个关键的问题：撒谎是怎么产生的？

很多父母认为，这个问题太简单了。撒谎嘛，一定是道德品质的问题。如果我们这样看问题，我们的孩子就遭殃了，连带我们自己也会遭殃。

我的答案是：有压力必然有谎言。

压力从哪里来？有分别、有好坏、有对错……

有分别的爱，是压力的源泉。

有了压力，原本自然本真纯净的心，就会在压力下渐渐扭曲、变形。当心灵扭曲变形的时候，所谓的道德问题和谎言就自然而然产生了。所以，从根本层面而言，哪里有什么道德，是人性的规律如此。

没有压力，自然健康长大的孩子，心灵是自然本真纯净的，自然而然就会展现人性的光辉。而在重重压力下长大的生命，心灵不可避免地扭曲和变形，自然而然人性的光辉就被尘封了。所以，根本上，没有什么道德堕落，没有什么好人坏人，是人性的根本规律在起作用，如此而已。

不要认为压力才是教育，孩子有好有坏，不管教不行，要有分别，要防微杜渐。

人性的规律告诉我们：没有压力才是最好的教育，没有压力才是真正的生命教育。

在我的幼儿园里有一句经典语录：如果你把孩子的某个“问题”当作问题，那它就一定会真的成为问题。

为什么？当作问题了，压力就出去了，伤害就出去了，孩子的心灵就会受伤，会扭曲和变形，会没有能力，会真的成为问题。

反过来呢？没有问题，就没有压力，没有伤害，孩子的心灵依然是这样自然本真和纯净，充满力量，充满智慧，就不会有问题。

所以，教育的真正规律是什么？心想事成啊。

有分别的爱，你认为孩子不够好，他就一定不够好给你看。

无分别的爱，你认为孩子好得不得了，他就一定好得不得了给你看。

这不仅仅是信念的力量，归根到底，是人性的根本规律和根本法则决定的。

无分别的爱的形式，看起来是如此简单，说到里面的内涵，就是人性至深的规律和法则，它不是某个人的爱好、某个人的理想，而是源于不易的普遍人性的根本规律和法则。

再回到说谎问题，生活中充斥着谎言，为什么？

这不是没有压力的原因，恰恰是压力太多太大的原因，恰恰是所谓的有分别的爱，恰恰是所谓的好坏、对错造成的。

各位，好好问自己一个问题：没有压力存在，我们需要撒谎吗？

像上面所讲的故事和情景，在不懂生命教育、在实施有分别的爱的成年人手中，很容易演变成一场侦破与反侦破、斗争与反斗争、恐吓与反恐吓、说谎与反说谎的战争，并且我们还会给自己一个崇高的标榜：教育！其实，这只是人性被尘封的生命基于自身的鄙陋无知上演的一出拙劣的把戏，如此而已。

只是，我们可怜的孩子，说谎只是其不多的可以选择的反抗方式之一，只是其不多的可以选择的自我保护方式之一。若是连说谎都不被允许，这个孩子，真不知道怎样才能“活”下来。

我们都曾经是孩子，此时此刻，我们不仅要可怜我们的孩子，更要好好地可怜可怜我们自己。想想小时候，如果没有谎言的帮助，我们真的能够在这样或那样的压力下“活”下来吗?

各位亲爱的父母，世界上最好的教育，是尽量少给予压力，尽量少给予伤害，尽量多给予无分别的爱。

13

学习的故事——爱上学习的艺术

对一个五六岁的孩子来说，在学前班学习小学基础入门知识，绝对不是容易的过程。最关键的不是教会孩子如何掌握知识，而是让学习知识的过程成为心灵成长的过程。

1

小宇同学性格细腻敏感，刚开始学拼音的时候，她学得挺好。学得越来越深的时候，比如把声母和韵母加在一起读，就需要每个孩子的语感，比如ba（吧），有的孩子会拼成pa（怕）。语感不一样，有的孩子就会拼错。刚开始的时候，小宇兴致很高。有两次在课堂上，她拼错了，其他小朋友笑话她："小宇你拼错了，你拼的根本就不对。”受此打击，张老师发现，小宇慢慢地开始不爱回答问题，也不爱举手了，后面的拼音也越学越差。

有一天，张老师特意出了一个特别简单的拼音，请小宇站起来念。小宇的声音很小很小，从口形看应该是对的，张老师点点头，表扬了小宇。

张老师：“小宇，你答对了，声音再大一点，告诉大家正确答案，好不好？”

小宇提高了点声音。

张老师问大家：“小宇拼得对不对？”

大家齐声说：“对。”

张老师：“好，请小宇再大点声告诉我们。”

听到小伙伴的鼓励，小宇这回声音提高了不少。

张老师：“好，我们给小宇掌声，谢谢她给我们示范。”

在张老师小心翼翼地引领下，这样的鼓励和掌声持续了大概两个多月，小宇才彻底建立起了自信。到后来，简单的题目，小宇已经不屑去回答了，而是越来越喜欢挑战有难度的问题。

2

泽子和小宇相反，是个极度粗线条、大大咧咧的男孩子，张老师还记得他第一次交语文作业时，没有一个字是写在格子里面的。张老师挑了半天，从鬼画符一样的“草书”中，勉强挑出来一个像字的“东西”，对泽子说：“这个字写得不错！按照这个字的标准写，加油！”

泽子咧着嘴傻笑，很开心。

第二次、第三次、第四次……张老师努力挑出更多像样的字鼓励泽子。大概两周后，张老师发现泽子的字基本都能够写在格子里面了。张老师大大夸奖了泽子一顿，在满篇东倒西歪的字里面，用红笔圈出两个字，告诉泽子："这两个字很端正！按照这两个字的标准写，加油！"

现在，泽子的性格还是大大咧咧，但他的字却文静秀丽，自成一格。

3

小小的数学总是容易出错，20道的加减题，他往往要算错一半，小小自己也很懊恼。

张老师："你是不是很沮丧？"

小小点点头。

张老师："你看，20道题你能做对10道，很不错了，你才学了多长时间啊。"

小小心情好多了。

第二天做题，20道题，小小做对了12道。

张老师夸他："你看，这不进步了。"

小小很开心。

可是一周过去了，还是错这么多，小小又不开心了。

张老师："小小，不开心了？"

小小不吭声，情绪明显不高。

张老师："你想你没有退步，没有退步就是进步。只要不退步，一天进步一点点就一定会成功。"

小小又高兴了。

这两天状况有点不对劲，20道题只对了七八道。

小小对张老师说："张老师，我退步了。"

张老师："谁说的，这次只是不会的题都让你碰到了。通过这次，这些不会的题你都会了，你说下次是不是就都会了？"

小小又开心了。

张老师鼓励他："你运气多好，连题目都来帮你。"

小小的数学成绩一直不稳定，也不是特别好，但是他对学习的热情，包括对数学的热情，从来没有丧失过。

其实，学习是件特别开心的事情，每个生命天生都热爱学习。

生命厌恶的不是学习，而是一定要学好，还有"学不好"带来的严重后果，带来的无尽痛苦、烦恼和伤害。

反过来，如果跟学习相伴的，都是好，都是真，都是善，都是美，那孩子怎么可能不爱学习，怎么可能不出色地学习？

跟学习相伴的，全是快乐、开心、激情、创造……

不管是学好，还是学不好，都是快乐、开心、激情、创造……

失败在哪里？挫折在哪里？打击在哪里？

没有！没有！没有！

需要鼓励吗？需要表扬吗？需要赞美吗？

没有失败，没有挫折，没有打击，就是最好的鼓励，就是最好的表扬，就是最好的赞美！

失败是美，成功也是美；挫折是美，平坦也是美；打击是美，欣赏也是美……到处都是美！全部都是美！时时都是美！

这就是鼓励、表扬、欣赏、赞美的最高境界。

这就是真正的生命教育的常规状态。

真善美，从来就在这里，不来不去、不增不减、不舍不弃，但是需要生命去见、去念、去爱它们，如此，才能长相守。

在我们幼儿园，老师从来不担心孩子的学习热情，也从来不担心孩子的学习成绩，更不担心孩子在学习方面的创造力。我们不会让生命追逐那些明显无用的知识。因为无聊的知识意味着无聊的生活，而无聊的生活才是学习的真正大敌。

在我看来，生命教育和知识教育并不是天然矛盾的，当然前提是生命教育、心灵教育、人性教育是灵魂和中心，是核心和宗旨，知识教育、技能教育为工具，为辅助，为媒介，为渠道。这个层面上的知识教育和技能教育，其实也是生命教育、心灵教育和人性教育的组成部分。所以，都属于生命教育、心灵教育和人性教育。

如果顺序反过来呢？

知识教育、技能教育是灵魂和中心，是核心和宗旨，生命教育、心灵教育、人性教育为工具，为辅助，为媒介，为渠道。这个层面上的生命教育、心灵教育和人性教育，其实也是知识教育、技能教育的组成部分。所以，都属于知识教育、技能教育。不矛盾。

最糟糕的应试教育也讲素质教育，只不过，素质教育的目标还是为了高分。所以，这样的素质教育依然还是应试教育。

从某种角度言之，讲素质教育的应试教育比不讲的更糟。因为很容易自欺欺人，自我安慰，自我崇拜。

应试教育最大的恶果是让心灵无聊，让生活无聊，让生命无聊。

有些想选择新式教育、选择生命教育却对应试教育恋恋不舍的家长，常来问我一个问题：林老师，孩子以后能适应社会吗?

我在这里明确回答：对不起，不能适应。因为，实在是太无聊了。

为什么要去适应呢？你想让你的孩子适应无聊的生活？如果你是一个正常人，应该不想吧。所以，干吗问我这样的问题！

真正的生命教育、心灵教育和人性教育，是不会去教导我们的孩子适应无聊的生活的，而是去教会我们的孩子创造属于自己的全新生活。

记住，他们是全新的一代，他们的任务不是适应，而是改变、开创。并且，他们无须对抗整个旧体制，他们只需要好好地和自己的心在一起，好好地爱自己，就可以了。

这些全新的生命，他们自然会有力量和智慧，在看似无路中，走出一条属于新时代和新生命的全新道路来。

我们看不到，是因为我们已经无聊惯了。他们不是，所以，他们不仅能看到，还能做到。

无分别的爱，已经帮助他们学会：和自己的心，时时在一起。

14

早产的故事——重建生命的信念

宁宁来幼儿园时，4岁了，可是各方面发展都很弱，不像正常的4岁孩子，好多方面还不如3岁孩子。

没两天，老师们就知道原因在哪里了。

风大一点，宁宁会对老师说："老师，奶奶告诉我，我是早产儿，不能吹风。"

于是，她就不出去活动了。

天气热一点太阳大一点，宁宁会说："老师，这太阳太毒了，我是早产儿，不能出去。"

于是，她又不出去活动了。

天气冷一点云层厚一点，宁宁会说："老师，这天太阴了，我是早产儿，不能出去。”

于是，她又拒绝出去活动了。

活动量大了一点，宁宁会说：“老师，奶奶告诉我，我是早产儿，不能这样跑。”

于是，她就拒绝继续参加活动了。

牛奶凉了一点，饭硬了一点，菜咸了一点等，宁宁都会说诸如此类的话，搞得孩子们都叫她“早产妹妹”。

宁宁妈妈办理入园手续时也交代过孩子早产，只是没有想到“早产”成这个样子。照这样下去，别说4岁，就是长到14岁，人一眼看上去，也会知道她是个“早产儿”。

李老师花了一晚上的时间，整理了孩子们的产期长短顺序，列了一个表，发现宁宁并不是最早产的，班里有三个孩子比她还早，但是这三个孩子早就不是“早产儿”了。

第二天上课，李老师把这个表格跟大家讲了，还让大家按照产期长短顺序排了一个队，宁宁排在第四位。李老师对宁宁说：“宁宁，从现在起，你就不是‘早产儿’了，你是‘中产儿’。”于是，宁宁的外号顺理成章地从“早产妹妹”晋升到了“中产妹妹”。

老师们就按“中产妹妹”的标准要求宁宁，慢慢加大她的运动量，相应调整她的饮食摄入，并要求家里紧密配合。家里人早就意识到问题所在，后悔不迭，只是不知道该怎么办，所以对幼儿园很配合。至于宁宁自己，那个表格对她触动很大。看着那个表格，按照表格排队的时候，宁宁的神情一直很严肃。老师想她心中一定也在波澜起伏吧。

果不其然，宁宁很配合，还时不时地要给自己“加加量”。老师只好经常哄她劝她，让她别着急，慢慢来。大概一个多月后，宁宁真的长成“中产儿”了。

有一天，孩子们在野外上“吼叫课”，宁宁“吼”得跟猫叫差不多。李老师让宁宁站到大家面前，给大家示范。

一开始，宁宁“喵喵”叫了几声，全体老师和孩子都笑得不行，宁宁自己也乐得不行。

李老师：“宁宁，按照这个标准，你还是‘早产妹妹’啊，再试试？”

宁宁这时早不说什么“奶奶说我是个早产儿”之类的话了，又试了试，这回有点像鸡叫了。

李老师：“这不行，再来一次。”

宁宁又“吼”了一声，这回不错，有点像狗叫了。

李老师鼓励她：“不错，这回是‘中产妹妹’的水准了，咱今天突破了，成为正常妹妹，行不行？”

宁宁（挺大声地）：“行！”

李老师：“再大声点！”

宁宁（更大声）：“行！”

李老师：“再大声点！”

宁宁（更大声）：“行！”

李老师：“再来两遍！”

宁宁（很大声地）：“行！行！行！”

她自个儿给自个儿加了一遍。

李老师：“好，我们把热烈的掌声送给宁宁！恭喜她今天成长为正常妹妹！”

全场热烈鼓掌。

李老师：“来，宁宁，告诉大家，你是‘早产儿’，还是‘中产儿’，还是‘正常儿’啊？”

宁宁（吼道）：“我是超级无敌大宝贝！”

大家乐得趴窝了。

当天回去，宁宁的嗓子有点哑，但是两天后就好了。重要的是，这次“吼叫课”之后，宁宁彻底成长为“正常兼超级无敌大宝贝”了。

请问：你的孩子是“早产儿”吗？

不是。

哦，真的不是？

真的不是！

那你为什么嫌你的孩子，这也不够好，那也不够好？

这跟早产有什么关系吗？

这难道不是在告诉你的孩子：你这方面早弱，你那方面低能。

你难道不是在一遍又一遍地告诉你的孩子：你是个早产儿！你是个早产儿！你是个早产儿！

也许，在生理上，你的孩子确实不是早产儿，但在心理上，在灵魂深处呢?

你是否经常有意无意地在他的心灵种上“早产”的种子? 你已经努力种植了多长时间了?

也许，这颗种子，早已经在你孩子的生命深处，扎根、发芽、生长、开花、结果了。

生命就这样，被捆缚着推上既定的充满煎熬、焦虑和不安的人生轨道，他要怎样努力，才能摆脱这样深重的好像是与生俱来的轨道?

一生一世是否足够?

受伤的生命会代代遗传。

为什么? 因为受伤的生命，注定不相信自己，不相信人性，他只相信自己的不完美，人性的不完美。

当幼小的生命在这样不相信的氛围中成长，他注定会不相信自己，不相信人性，注定只会相信自己不完美，人性不完美。

所以，生命除了相信自己是“早产儿”，别无选择。

不是一生一世，恐怕是生生世世。

有分别的爱不是爱，而是伤害。

有分别的爱的教育，不是爱的教育，而是摧毁信念的教育，摧毁的是生命对自己、对他人、对人性的信念。

有分别的爱，就是通过这样的程序，通过在生命灵魂深处的信念上做文章，来达至对生命的深深伤害。

生命不是不可以批评、不可以指责、不可以打压，但是基于有分别的爱的批评、指责和打压，还是基于无分别的爱的批评、指责和打压，结果和效应截然不同。

打个比方：你不喜欢的人给你一个恶意的批评和建议，和你喜欢的人给你一个善意的批评和建议，你的反应会一样吗？你更愿意听从谁？

归根结底，重要的是心，是心在哪里，不是外在的方法和形式。

教育和所有人际关系的道理都是相通的。真正懂教育，必须懂人生、懂人性，反过来，真正懂人生、懂人性，也必然懂教育。大道无别，大道平等，大道通达矣。

到底什么是教育，每一个生命当深思。

当我们起了分别心，当我们实施有分别的爱，把孩子和孩子的行为分成三六九等，当我们的心和孩子的心不在一起，当我们忘记了尊重、理解和信任……生命就很容易种上“我不行”的“早产儿”信念，而人生的悲剧，几乎皆源于此。

这样的悲剧，在人世间一代一代地传承。现在，就从我们这一代入手，从无分别的爱入手，来打破这早该打破的传承吧。

怎么打破？

早产、中产、正产，无别。

弱智、中智、高智，无别。

无才、中才、高才，无别。

每一个生命，没有不好，没有坏，没有糟糕，没有绝望……

每一个生命都是独一无二的！都是尊贵平等的！都是完美成功的！

只有当我们自身心灵的伤口开始愈合，当我们学会和自己的心在一起，才能打开那扇崇高圣洁的、生命的、无分别的爱的大门。

15

“完美”的故事——规则与教育

小太刚来幼儿园的时候，表现特别“好”，特别“乖”，接近“完美”。他能从早到晚一个错误都不犯，吃饭的时候规规矩矩，一粒米都不掉，喝水的时候端端正正，一口水都不洒，玩玩具的时候绝对轻拿轻放，和小朋友说话总是温声细语，老师让干什么立马就干什么，不打一点磕巴……总之，幼儿园的所有规则在他眼中，好像都是高压电线。

老师们觉得小太活得特别累，果然，小太妈妈也来跟老师反映：“李老师，小太最近不喜欢来幼儿园。”

李老师：“我也正要跟您沟通呢。”

李老师把小太在幼儿园的表现告诉了小太妈妈。妈妈说：“对，他就是爱在老师面前表现自己，永远把自己‘好’的一面展现给老师，把自己‘坏’的一面藏起来，所以他活得特别累。”

李老师问起小太在家里表现怎样，妈妈说：“在家里倒好，自由自在，没什么约束。”

听到这儿，李老师松了一口气，要是在家里也这样，那就真麻烦了。

随着对小太的了解越来越深入，彼此的信任慢慢建立起来后，李老师开始逐渐对症下药，帮助小太从紧张中慢慢释放自己。

吃饭的时候，小太不小心把米粒洒在了桌子上，小太看了老师一眼，觉得老师没看到，就想把米粒藏起来或者重新捡到碗里。李老师对小太说：“小太，没关系，米粒掉在桌子上就掉在桌子上吧，我们吃完以后把它们捡到餐盒里就可以了。”

玩玩具的时候，小太的玩具被小朋友抢走了，他的第一反应是想找老师告状，但又想起玩玩具的时候小朋友之间要友好，要一起分享，这样他就不敢去找老师了，只好坐在原地一动不动，看上去很郁闷。

李老师主动走上前：“小太，老师看见你的玩具被小朋友拿走了，你是不是很生气呀？”

小太：“嗯。”

李老师：“那咱俩一起想个办法吧，你现在怎么想的跟老师说说，怎么想都没有关系。”

小太：“我想把那个玩具要回来，我不想让他玩。”

李老师：“哦，你是这样想的，你很想玩那个玩具是吧？”

小太：“是的，老师，我很想玩。”

李老师："你暂时不想和他分享，对吗？"

小太："嗯。"

李老师："没关系，你这样想，就这样去做吧，要是需要老师的帮助，就来找我，好不好？"

小太点点头，站起来去跟小伙伴要玩具了。

有一天涂色课上，老师让小朋友们涂一个小花园，小太涂出界了，他很着急："老师老师，你看我的画画到外面去了。"

李老师："没关系，每个小朋友画的都是不一样的，你这样画也很漂亮呀。每个小朋友的画都有自己的特点，各有各的美，是不是？"

小太："嗯。"

李老师："你看，涂出界有涂出界的美，不涂有不涂的美，是不是？"

李老师拿起画，指着线条走向，引导小太从不同角度欣赏自己的画。

小太："是啊，真是的。"

小太像发现新大陆一样开心。

李老师："所以，没关系，只要自己高兴，自己喜欢就好，你想怎么画都可以，是不是？"

小太："嗯。"

小太和老师聊完就安心了，继续一点一点地慢慢画，至于是否涂出界，他已经不在意了。不仅不在意，有时候，他还会故意加点小点缀，让自己的画看起来更漂亮。

在老师慢慢地引导和鼓励下，小太开始变化了。

有一次喝牛奶，小怪的牛奶盛得太多，洒到地板上了。其他小朋友看见了就说："小怪，你怎么把牛奶洒在地板上了？"有的跑去找老师："老师，你看小怪把牛奶洒在地板上了。"老师还没说话，小太紧接着就说："没关系，小怪，你一会儿拿拖把拖一下就好了。"

老师表扬小太："小太，谢谢你练习了体谅的美德。"

小太笑着说"没什么"，然后继续喝牛奶，一派从容淡定。

冬天小朋友们都穿得比较多，午睡脱衣服的时候，衣服不易脱下。有的小朋友会说"老师，我脱不下来，有点着急"，请求老师的帮助，有的小朋友会哭。这时候小太会说："没关系，一会儿老师就来帮你，要不我来帮你吧。"他会主动去帮有需要的小伙伴，如果实在脱不下来，他会跟老师说："老师，你去帮帮×××吧，他衣服脱不下来了。"

慢慢地，小太不仅会对自己说"没关系"，也会对其他小伙伴说"没关系"了。

有一次分享课，Tom带来了二十多个棒棒糖和小朋友们分享，每个小朋友都有，但是不知怎么就把牛牛给漏了。

小太第一个发现，对Tom说："Tom，你还没有跟牛牛分享棒棒糖呢，你给牛牛也分享一个吧。"

Tom就过去给牛牛也分享了一个。

原来，Tom在分糖的时候，小太就在旁边仔细看着，看谁没有分到，就提醒Tom一下。

我们发现，不知什么时候，对于小太来说，外在的规则已经渐渐淡下去了，但是内心的规则：生命高贵的自由、美德和爱——生命真正的规则，却在不知不觉中，渐渐升了上来。

生命，就是这样渐渐长大的。

心灵，也是这样渐渐开放的。

人性，更是这样渐渐发光的。

规则有两种，一种是消极的，就是不应该做什么。一种是积极的，就是应该做什么。

很多父母希望通过告诉孩子不应该做什么和应该做什么来教育他们，当孩子做到或做不到的时候，就会给他们以相应的后果。也就是说，很多父母希望通过帮助孩子建立规则感来帮助孩子成长，并发自内心地认为这就是教育。

这条路，看起来确实很好、很正确、很光明，但是我们忽略了一个关键问题，这个关键问题不是规则和道理有没有存在的价值和意义，也不是规则和道理本身合不合理，而是孩子凭什么能做到遵守规则和道理?

如果一味强调规则和道理，孩子就能自然而然地做到，若是教育真的这样简单和机械，那么，你每天给孩子念100遍《学生行为规范》，就是最好的教育了。

显然，真正的教育根本不是这样。

小太的例子告诉我们，很多时候没有规则，规则意识淡一点，才

是真正的教育。

那么，是不是可以不要规则，任由孩子乱来？当然不是。

在集体教学环境中，规则是有必要存在的。每个集体教学机构都会有自己的规则，我们幼儿园也不例外，只是我们幼儿园的规则很少，我们对仅有的规则也不是特别重视，如此而已。

我们认为规则是一个对成长（教育）有益的方法和手段，而帮助生命成长，实现教育目标，需要很多的方法和手段，而规则不过是其中1%的方法和手段。

从这个角度看，如果规则教育在你的教育措施中只占1%的比重，那么你的教育是活泼灵动、高明智慧的。

反过来，如果规则教育在你的教育措施中占5%或者更高的比重，那么恐怕需要好好反省一下了。

这个比重怎么衡量？很简单，每一个应该，每一个不许，每一次说教，每一次讲道理，都是规则教育。检查我们的思想、语言、行为，我们的规则教育到底是多还是少？

可以做个简单的计算：在家庭中，平均每天对孩子说一句规则教育的话，是1%的比例。在幼儿园中，平均每天对班级中的孩子说5句规则教育的话，是1%的比例。每多1句，就多1%。

这个有趣的指标，供各位参考。

教育真正的关键到底是什么？我们真的需要沉下心来好好思考。

之前问过大家一个问题：孩子凭什么能做到遵守规则和道理？这个问题与“教育真正的关键到底是什么”，其实是同一个问题。

若要帮助我们的孩子自然、健康成长，真正的关键，真正的着眼点，究竟应该是什么?

要找到这个问题的答案，我们需要回顾一下小太的故事。

在这个故事中，我们一开始看到的是孩子对规则的恐惧，而不是欣然接纳。老师的全部努力，就是消除他的恐惧。因为，只有恐惧消退了，力量才能长出来，力量长出来了，自由、美德和爱，就天然地生长出来了。生命的自由、美德和爱，是生命高贵的教养，需要生命内在磅礴的力量作支持。缺乏力量的生命，根本不可能拥有这样高贵的教养。

所以，老师做的一切是为了帮助孩子生长出生命磅礴的力量！所以，真正的教育的着眼点是：唤醒生命深处潜藏的无穷力量。

怎么唤醒?

规则天然是一种限制、一种约束，是对力量的某种打压。所以，规则不是不可以用，但是，使用时要慎之再慎，要讲究高超的智慧和艺术。

打个比方，毒药不是不能治病，有的时候还是特效药，但是，需要配合很多先决条件谨慎使用才行。

同样，运用规则来帮助生命生长力量，需要很多条件和准备，需要特别小心翼翼。可以说，这是教育真正的、最大的难题之一。哪里能像我们这样随便滥用，堂而皇之地称之为“教育”，这只能说是“无知者无畏”。所以，在这里提出1%和5%的比例，希望提醒大家，别让自己的努力选错了方向。

那么，到底怎么唤醒？

不要滥用任何一种方法！尤其是规则！

因为，生命是活泼的，生活是活泼的，智慧是活泼的，所以，教育也注定是活泼的。

真正的智慧的教育，注定教无定法，哪里会滥用某一种方法！

真正的教育是智慧的显现，方法无穷无尽，信手拈来，可谓是随心所欲不逾矩地随时创造出来，随心而生，随要随有，随需随创，随创随忘，随忘随生……

这是生命的大自由之境。

这是生命的大欢喜之境。

这是生命的大智慧之境。

这自然是教育的最高境界。

只是，如何到达生命至高的自由之境？

除了和心在一起，哪里还有别的路？

心生万法，万法平等，此即曰：无分别的爱。

归根结底，重要的是和自己的心在一起，和孩子的心在一起。当心和心在一起，冲突几乎不会发生，即便偶尔发生，也很难扩大化。所以，规则的需求会很少。

更重要的是，当我们和自己的心在一起，和孩子的心在一起，我们养育出来的，是富有力量的孩子，是富有尊严的孩子，是富有气质的孩子，他们怎么可能乱来！

所以，1%比重的规则很多时候都嫌多。

只是，反过来呢？恐怕5%都远远不够！

目前主流的家庭和学校教育，规则教育的比重又是多少？它们是在帮助生命生长力量，还是在打压力量？

什么是真正的教育，我们当在此深思。

父母们，要让我们的孩子走上永恒的幸福之道，除了生命教育、心灵教育、人性教育，除了和自己的心在一起，没有别的道路。

自然，这是一条无分别的爱的道路。

16

伤痕的故事——人生成功的标准

马老师班的小凡是个特可爱的小活宝，经常自娱自乐。比如，自己撕个卫生纸，可以哈哈乐上半天。幼儿园里每个人都很喜欢他。

有一天午觉，隔壁班张老师找马老师有事，正好看见小凡在床上傻乐，特别可爱的样子。张老师忍不住逗他，抠小凡的脚丫子，问小凡痒不痒。小凡说："痒，别抠了。"马老师说："你别动人脚丫子好吗？"马老师话音刚落，小凡"哇"的一声哭了起来，把其他孩子吵醒了。

张老师赶紧道歉，小凡的哭声还是不停，马老师示意张老师先走，然后蹲到小凡旁边，陪着小凡。

马老师很了解小凡，小凡总是很快乐，很少哭，这次事情不大，怎么会哭得这么伤心？马老师隐隐觉得其中也许另有故事。

马老师索性脱了鞋，躺在小凡旁边，小凡也不理她。马老师想抱抱他，小凡依然不理她，这可跟以前的小凡截然不同。换了以前，小凡早已开心得哈哈大笑了。

马老师向小凡道歉："对不起啊小凡，刚才马老师不在，不知道发生了什么事情，是张老师抠你脚丫子了吗？"

小凡不回答，哭声倒是有点低下去了。

马老师："你不愿意和张老师玩这个游戏，是不是？你愿意和谁玩这个游戏啊？"

小凡还是不说话。

马老师："好，不说了，老师拍你睡觉。"

马老师就抱着小凡，拍着他哄他睡觉。

过了一会儿，小凡说话了："在家里爸爸跟我玩这个游戏。"

小凡说完这句话后，哭得更厉害了。

马老师心想，怎么一说爸爸就哭得更厉害了，会不会……

马老师趁热打铁追问了一句："是不是和爸爸玩这个游戏的时候，爸爸说你了？"

这下小凡哭得更厉害了，简直是上气不接下气。

凭借丰富的经验，马老师立马知道问题出在哪里了。

马老师抱着小凡，对小凡说："小凡，你很伤心吧。马老师先替爸爸向你道歉，对不起，对不起，对不起……"

马老师不停地说着"对不起"，小凡则放声大哭，在马老师怀中，哭了十多分钟，才渐渐停止了哭泣。在马老师的印象中，小凡从来没有这么伤心过。

等小凡彻底安静了，马老师问他："现在还伤心吗？"

小凡摇摇头："好多了。"

马老师："现在，你可以原谅爸爸了吗？"

小凡点点头。

马老师："爸爸爱你，是不是？"

小凡："嗯，我也爱爸爸。"

放学时，马老师和小凡爸爸沟通中午的事情，爸爸说："马老师，上次小凡抠我脚丫，把我抠疼了，我狠狠教育了他一顿，不允许他再这样，看来是把孩子吓着了。"

爸爸向马老师真诚道歉，马老师说："你要向小凡好好道歉。"

爸爸答应了，很真诚地向小凡道歉，和小凡说着悄悄话，走的时候对马老师说："我跟小凡说了，他可以随便抠我的脚丫，我向他保证怎么疼也不再说他。"

爸爸带着小凡去操场玩抠脚丫游戏，看着父子俩乐得前仰后合，马老师由衷地为他们感到高兴。

养育孩子是多么精致的工作，像小凡这样天生乐天派的孩子心中，都隐藏着难以排解、无处诉说的伤痕。

要不是机缘凑巧，加上马老师的明眼慧心，这道伤痕会在小凡的心中停留多久？它又会给小凡的人生带来怎样的不同？

这是我们知道的，我们不知道的呢？有多少被知道并化解了，有多少知道但没有或无法化解，又有多少不知道一辈子也不可能被化解？

在生命的深处，那些深深沉淀下来无法化解的伤痕，到底有多少？恐怕多得数不清。

这些伤痕在心灵深处持续发酵，会给生命，给人生，造成怎样灾难性的影响？

当我们说“这个孩子怎么这样”的时候，有没有想过，这个孩子的心灵深处，伤痕有多少？

每个成人，每个教育者当深思，什么是生命，什么是心灵，什么是人性，什么是教育。

我可以负责任地告诉大家，每一个有分别的爱，注定都会给生命留下伤痕，哪怕只是轻轻一句话，简单一个动作，随便一个眼神，微小一个表情，都会对孩子造成伤害。

也许单个看，无关紧要，但是，日积月累，天长地久，今天几道，明天几道，随着我们的孩子逐渐长大，心灵的创伤也在逐渐裂口、长大、成型，直至成为不可逆的心灵病症……而生命在成年后，要最终医治和摆脱这个病症，要耗费多少努力，多少痛苦，多少煎熬，却往往收效甚微……这样的心灵带给身边最近的亲人，往往也是痛苦、煎熬和伤害。

要消除这样的痛苦、煎熬和伤害，除了无分别的爱，再无其他的路径。但是，要消除它，首先得先看到它，得先意识到它的存在。问题在于，有几个人，看到了这样的后果？

我们要谢谢小凡和马老师，他们以最生动的事实告诉我们：后果很可怕，真的很可怕！

我们真的认为人类的情绪情感很重要？我们真的认为人类的心理健康很重要？我们真的认为生命教育、心灵教育、人性教育很重要？我们真的敬畏生命、敬畏科学、敬畏因果律吗？答案显然是否定的。

我们真正敬畏，真正追求的，到底是什么？

真的有必要谈谈人生，谈谈价值观了，这个不清楚，要搞清楚教育，绝无可能。

问大家一个问题：什么样的人，才是成功人士？

自然，大家各有各的标准，在这里，只给出我的答案。

在我看来，有能力带给家人宁静、快乐、祥和的生命，才是真正的成功人士；有能力建设宁静、快乐、祥和家庭的人，才是真正的成功人士。

不用说什么朋友、同事、陌生人、动物、植物，仅仅是能给自己的家庭带来宁静、快乐、祥和的生命，就是不折不扣的成功人士。

只是，有几个人配得上这样的标准？

到底什么是教育，什么是生活，什么是人生，每个生命当深思。

生命的目标错了就全错了。真正决定人生幸福指数的，不是努力的过程，不是努力的方法，而是努力的方向。

生命努力的正确方向到底是什么？

低一点的层面而言，是做一个健康的对家庭有益的人，也就是上面所讲的成功人士的标准。

高一点的层面而言，是做一个平凡的愿意帮助他人也能够帮助他人的人。

这样的生命，在有分别的爱的教育环境中，是很难生长出来的。因为，这样的生命，对自身的力量和智慧的要求很高。

唯有高度尊重生命、高度尊重生命的情绪和情感的生命教育、心灵教育和人性教育，才能唤醒生命沉睡的磅礴力量和智慧，才能养育出这样全新一代的生命体。

所以，请尽量不要去做这样的事：

1. 忽略孩子的情绪情感。

2. 急功近利逼孩子学这学那。

3. 比孩子、拼孩子。

4. 不信任孩子。

5. 给孩子制造压力。

6. 向孩子发泄情绪。

7. 追求外在的行为和成绩。

8. 送到××寄宿学校。

9. 送到××高分名校。

……

即使上面的错误你都犯了，一个不落，你一样值得尊重、理解、信任和爱。因为，我知道，这些年，你也很不容易。我们都很不容易！

是啊，要经受住无穷无尽的有分别的爱的洗礼，能容易吗？

那么，就让我们，彼此包容，彼此尊重，彼此理解吧。

17

“凶恶”的故事——无条件的信任

一天晚上放学离园时，奶奶来接小赛。小赛还没玩够，想再玩一会儿，可奶奶说马上要上英语课了，要迟到了，看到奶奶很着急，孙老师提醒小赛。

孙老师：“小赛快一点哦，奶奶在外面很着急，担心一会儿的英语课会迟到。”

小赛恶狠狠地瞪了孙老师一眼：“不！我还没玩够呢，你是个坏蛋！我还要玩十分钟。”

孙老师：“好吧，十分钟以后老师叫你。”

小赛点点头：“嗯。”

十分钟一会儿就到了，孙老师提醒小赛：“小赛宝贝，时间到了，你该回家了。”

小赛：“你是坏人，我就不走，我还要玩。”

这回奶奶急了，要老师把小赛的衣服、书包拿给她。奶奶说：“你在这玩吧，奶奶走了，奶奶不等你了。”

小赛看到老师要给奶奶拿衣服、书包，一下子出离愤怒了，“哇哇”乱叫着，冲了上来，拿在手里的玩具火车一下子重重地打在刘老师身上，又打在张老师肚子上。他愤怒地扑到孙老师身上，把孙老师抓伤了。

小赛跟个小疯子一样，见人就打，嘴里喊着：“你们这些坏蛋！你们这些坏蛋！我要杀了你们！我要杀了你们！”

奶奶急得不得了，冲进教室，一把抓住小赛，把小赛从老师身边拉开。奶奶很生气地训斥小赛，让小赛向老师们道歉。

小赛愤怒地打奶奶，直嚷嚷：“就不，就不，你们都是坏蛋！”

说完小赛就走了。

第二天早上，奶奶送小赛来幼儿园，小赛不进班，抱着奶奶说：“我不想上幼儿园，我要回家。”

奶奶：“小赛，奶奶晚上早点来接你，每个宝宝都要上幼儿园，不能不上。”

孙老师看出了小赛的心思，对小赛说：“你很担心昨天的事吧。不过，老师已经原谅你了。来，让老师抱抱。”

小赛往后躲，看来还是有担心：“我还想让奶奶再抱一会儿。”

孙老师：“好的，那就再抱一会儿。小赛，你要抱多长时间然后和老师进班呢？”

小赛：“十分钟。”

孙老师：“好的。”

十分钟到了，小赛还要再抱抱。

小赛：“我还要再抱一会儿，再抱一百分钟。”

奶奶：“小赛乖，奶奶再抱一会儿就和老师进班，好吗？”

小赛不同意。

孙老师：“宝贝，老师知道你很想让奶奶再抱一会儿，这样，再抱五分钟，时间一到就和奶奶再见，奶奶答应小赛晚上第一个来接，好不好？”

小赛：“好。”

五分钟的时间到了，小赛负责任地和老师进班了。

小赛有点咳，有点热，孙老师给小赛量体温，一边量一边和小赛聊天。

孙老师：“小赛，老师们都原谅你了，我们不生气了。昨天小赛打到老师的身上，真是太疼了，你看老师这里都肿了，昨天老师可担心你会打到别的小朋友身上了。不过，今天老师不疼了，老师原谅你了。”

小赛的眼圈一下子红了，泪水慢慢充满了眼眶。他低头看了看孙老师，很内疚很惭愧很不好意思的样子。

显然，小赛一开始担心老师责备他，但老师不仅没有批评，反而说了这样一番话。小赛很意外，继而很感动，眼泪在眼眶里转啊转，忍不住流了出来。

孙老师张开双手："来，宝贝，抱抱。"

小赛也张开双手，紧紧地和孙老师抱在一起，哽咽着说："老师，对不起。"

孙老师很感动，抱着小赛，感受着他的哭泣，感受着他的愧疚，感受着他发自内心的真诚，感受着他慢慢放松和平静下来。

接下来，小赛挨个跟张老师、刘老师道歉，张老师、刘老师都好好地抱了抱他，小赛可开心了。

放学的时候，奶奶来接他，小赛还跟奶奶道了歉。

这件事后，小赛的暴力和攻击行为少了很多，每天开开心心来幼儿园，来了以后，先跟老师们挨个抱一抱；每天开开心心放学回家，走之前，也先跟老师们挨个抱一抱，再跟奶奶回家。

有一天，我去参加儿子中学的家长会，校领导、班主任、科任老师挨个在上面讲话，我一边感受着传统教育的氛围，一边在下面细细琢磨：新式教育（生命教育、心灵教育和人性教育）和传统教育的主要区别，到底在哪里?

家长会临近尾声时，我得出结论：生命教育和传统教育的核心区别，就是有关信任。

传统教育讲信任孩子是有条件的，孩子得先做到，得先证明你是值得信任的，才能说是否可以信任你。

生命教育讲信任孩子是无条件的，是不管孩子做得怎么样，做得好还是坏，有没有证明，都是永远值得信任和尊重的。不管有没有做到，不管做得好还是坏，不管失败还是成功，不管挫折还是顺畅，生命都是值得尊重、理解和信任的。

我知道，很多人怀疑这样的理念，主要理由是担心这样下去会“惯坏”孩子。希望这则故事能帮助你，对自己这个“坚定不疑”的信念起一个深深的怀疑：真的是这样吗？

很多父母认为孩子的行为有好有坏，不是所有都值得尊重、理解和信任，也不是所有都不值得尊重、理解和信任，这就是目前主流的教育观点，相应的也是大家选择的主流教育现状。显然，当下的主流教育是我们大家共同打造的。这“有分别的爱”，人人有份，不要推责于他人、教育部、社会风气之类，因为大家的心怎样，这个世界就怎样。

现在，要问大家一个问题：那个值不值得、那个好与坏的标准，在哪里？或者，这个值不值得、这个好与坏的标准，是从孩子的角度出发，还是从大人自己的角度出发？

如果是从孩子的角度出发，我们不妨花几分钟时间，暂时回到童年。假设自己现在是孩子，好好问一问自己：希望我的父母充分尊重我、理解我和信任我，给我支持、自由和接纳吗？

相信你的答案不言自明。所有的孩子，包括我们自己是孩子时，都渴求得到这些，为什么等我们成为父母时，就不给予我们的孩子生命所高度渴望的尊重、理解、信任、支持、自由和接纳呢？

如果是从成人的角度出发，当我们已经是成年人，我们希望别人多多尊重、理解、信任、支持、包容、接纳我们，还是相反呢？

相信你的答案依然是不言自明。所有的生命，包括我们自己，都渴求得到充分的尊重、理解、信任、支持、自由和接纳。为什么我们就不能给予其他生命高度渴望的尊重、理解、信任、支持、自由和接纳呢？

显然，人人都想得到尽可能多的尊重、理解和信任。

显然，人人都值得得到尽可能多的尊重、理解和信任。

我们想得到，别人也想！

我们值得得到，难道别人不值得？

只是，现实生活中，不说对他人，即使对最亲爱的孩子，我们实行的都是极其“有分别的爱”。我们不仅不能给予孩子无分别的尊重、理解和信任，反过来，很多时候在潜意识深处，我们把孩子当作尊重、理解和信任我们自我（满足我们自身自我）的工具。也就是说，当孩子满足我们的自我时，孩子值得尊重、理解和信任，当孩子不能满足我们的自我时，孩子不值得尊重、理解和信任。更可怕的是，我们这样对待孩子，还打着为孩子好的幌子。对孩子都这样，对他人就更是……

为什么会这样？为什么很多时候，我们只会索取，而无能给予？

要回答这个问题，我们还是要回到之前的那个信念，质疑它：生命真的会被尊重、理解和信任“惯坏”吗？还是反过来，尊重、理解和信任能极其有效地唤醒我们生命深处蕴藏的磅礴力量和丰富情感呢？

到底是哪一个？希望能引起父母们的深思。

真正的教育是以身作则的教育。简单来说，是“恶”会激发“恶”，“善”能唤醒“善”。

也许，大家对人性的本善本恶，有属于自己的理解。但是，不管人性“善”还是“恶”，有一个铁律确定不移：

你相信它“善”，它会越来越“善”，你自己也会越来越“善”。

你相信它“恶”，它会越来越“恶”，你自己也会越来越“恶”。

你越尊重、理解和信任它，它就越能生长出磅礴的力量和情感，它就越有能力值得你尊重、理解和信任。

你越不尊重、理解和信任它，它就越缺乏力量和情感，它就越能证明它不值得你尊重、理解和信任。

这就是“吸引力法则”。

显然，真正的教育很简单，就是“心想事成”四个字，如此而已。

无论怎样，认为每一个生命都值得尊重、理解和信任，是生命最大的善。所以，无分别的爱是生命最大的善，是帮助生命成长最有力的推进剂。

反过来呢？认为除非有充分证明，否则生命不值得尊重、理解和信任，是生命最大的恶。所以，无分别的恨是生命最大的恶，是伤害生命最有力的武器。

为什么我们只会索取而无能给予？现在可以来回答了。

只是因为我们得到的善，得到的尊重、理解和信任，得到的“无分别的爱”太少了，导致我们没有足够的力量和情感给予别人善、尊重、理解、信任和“无分别的爱”，导致我们只想得到而无能给予，哪怕是我们最亲爱的孩子。不是值不值得的问题，不是对与错的问题，而是能不能、有没有足够的力量和情感的问题。

对那些不知不觉中以孩子为自我满足工具的父母而言，他们从小得到的善、尊重、理解和信任，得到的“无分别的爱”，一定很少很少，他们生命的力量之门、情感之窗、智慧之泉，很多时候已经尘封了。

不是孩子的问题，而是我们自身需要成长，需要反省，需要重新唤醒生命蕴藏的无穷力量和情感。

不是对面那个生命是否值得尊重、理解和信任，问题的关键是我们自身，是不是已经生长出足够强大的尊重、理解和信任对面那个生命的力量和情感了呢?

这个世界上真有“凶恶”存在吗?也许，人世间真有“凶恶”存在，只是那“凶恶”一定不属于我们的孩子。属于谁呢?

我不知道。不管属于谁，爱他，爱你，爱我，不要变。

我只知道，当爱的力量足够，这世上真的没有“恶”。

这个很难吗?

的确不容易!

但是，跟仇恨、怀疑和不信任比起来，选择爱，还是相对来说更容易走的路。

18

发火的故事——打开心灵的大门

一次分享课，有小朋友带来了瓜子，分享课结束后，有一个小朋友拿起瓜子壳往地板上扔。

一开始，曹老师没有在意，因为不知道这个小朋友是否有什么特殊的原因，所以没说什么。

没想到，这个行为具有极强的传染性，一个一个的，一堆小朋友都开始扔起瓜子壳来了，把这当作新发明的游戏，往地上扔，往角落扔，往玩具里扔，往小朋友身上扔……一眨眼的工夫，整个教室一片狼藉，乱七八糟。

曹老师生气了，立即站了起来："小朋友们，不许再扔瓜子壳了。我很生气，真的很生气！你们知道吗，这个地我足足扫了十分钟才扫干净。扫完后我又拿着大拖把拖啊拖，拖了十分钟才拖干净，现在一下子变得这么乱这么脏，我真的很难受。”

曹老师脸色很难看，但她从始至终没有指责小朋友，只是在说自己的心情和感受，在说自己真实的心声。

小朋友们马上就安静了下来。过了一会儿，有一个小朋友说：“我去把瓜子壳扔到垃圾桶里。”又过了一会儿，有一个小朋友说：“我去拿扫帚。”有的小朋友说：“我去拿簸箕。”有的小朋友直接开始干活了。人多力量大，不到五分钟，整个教室又干净了。

曹老师颇有感触，几天后，她找我汇报工作，谈起了这件事：

“林老师，看起来，‘和心在一起’的说话方式，真的很管用。

“以前，遇到这类事情，我会很生气，然后批评他们，指责他们，有时还很失态，会训斥他们。结果孩子们会很害怕，好多孩子吓得不敢动，不知所措，但有的会闹得更欢。

“只是，不管他们害怕还是不害怕，反正肯定不会帮我干活，最后都得我自己来，怎么说也不解气，经常越批评越训斥越会让自己气得不得了。

“这回一说完就不生气了，并且，我发现孩子们越来越能体谅我。比方，别的小朋友没有把玩具放到位，或者没收拾的时候，有的小朋友就会说：你没有把玩具放回去，这可是老师辛辛苦苦放好的。那个孩子就会说：那我们一起把它放进去吧。有时候我就提示一下：那个玩具还在外面。他们就会说：让我来收拾吧。

“有时候娃娃家弄乱了，我提示一句：娃娃家好乱啊。孩子们就会说：我去收拾娃娃家吧。然后一群孩子一起跟着去收拾。虽然收拾得没有我们想象中那么整齐，但是他们收拾完拍拍手说：我们收拾完了。就这样，特别骄傲，特别开心。

“现在根本不用我说谁谁谁你去做这件事，谁谁谁你去做那件事。孩子们变化好大，他们会互相提醒，互相帮助和承担责任，知道尊重老师的劳动了……”

曹老师正起劲地夸孩子们，被我打断了。

我：“来，说一说是什么原因吧。”

曹老师：“我感觉让孩子了解你内心真实的声音，就像您说的，只是敞开自己的心扉，只是把自己真实的心声告诉大家，就好了。不用指责，也不用批评，这样孩子就会自然真正明白和尊重你。”

我：“当你把心扉向他们敞开的时候，他们并不害怕，他们反而能感觉到你的心，会倾听你的心，会和你的心在一起，是不是？”

曹老师：“是的，很神奇，他们越来越知道尊重老师的劳动，体谅老师的辛苦和不容易，好像一夜之间都长大了。”

我：“他们也会彼此尊重和体谅。”

曹老师：“是啊，林老师，您怎么知道？”

真理，总会被事实一遍又一遍地验证。

这个真理就是：和心在一起，就是天堂。

也许，有的家长在看这本书的时候会深深怀疑：这能做到吗？这可能吗？幼儿园老师难道不会生气？不会发火？不会有情绪失控、不耐烦的时候?

当然会有，我们都是普通人，喜怒哀乐自然都会有，只是，生气、发火、不耐烦、纠结、焦虑、担忧，种种情绪是否和心在一起，后果和效应截然不同。那么，怎么判断是否和心在一起呢?

说出来特别简单。

只是诉说自己的情绪感受，只是诉说自己的喜怒哀乐，只是诉说事件的客观过程，不夸张，不变形，不攻击对方，不指责对方，也就是说，只是倾诉自己的心声，就是“和心在一起”的表达方式。

反过来呢?攻击对方、指责对方、威胁对方，而不是主要诉说自己的心声，就是“不和心在一起”的表达方式。

这里面的关键和奥妙在哪里?

当指责和攻击别人的时候，对方的心门就会关上。心门关上了，同理心、内疚心也就一并消失。我们会被冷漠、无视、不配合、消极等包围和伤害，我们的心门也会彻底关上（本来就已经关得差不多了）。当彼此的心门都紧紧关上，请问：他们之间能出现什么样的良性互动?

反过来，当生命选择不指责和攻击对方，只是诉说自己的心声，对方的心门就不会关上，反而会被你的真诚打动。这个时候，生命深处的同理心和内疚感就被唤醒，对方的行为反应就会让我们的心得到慰藉，我们的心门也会随之敞开（本来就是打开的）。当彼此的心门向对方完全敞开，他们之间自然会形成非常良性的互动。

这就是心和心在一起的教育，这就是无分别的爱。

无分别的爱的灵魂，是心和心在一起，和孩子的心在一起，和自己的心在一起。

和自己的心，和他人的心，和孩子的心，都在一起。

把自己的心，把他人的心，把孩子的心，统统打开。

真正的教育，真正的生命教育、心灵教育和人性教育，至关重要的就是打开生命的心门。而要打开对面生命的心门，只有一个办法：先把自己的心门敞开。当双方的心门彼此敞开，双方的心彼此照亮，教育就自然展开了，教育就自然完成了，教育就自然完美了。

教育者是点灯者，只是他点燃的是心灯。真正的教育就是这么简单，这么美妙。

什么是敞开自己心门的方法？书中所有故事都在讲这样的方法。

大家都说教育要讲究方法，我自然也不例外。只是，在我看来，方法之间是有重大区分的，至少有两种层面：

第一种，或曰第一层面，是打开心灵之门的方法。

第二种，或曰第二层面，是解决具体问题的方法。

毋庸置疑，世间搞教育的，大多在追求第二层面的方法，而我主要关注第一层面的方法，就像“无分别的爱”分为两步，世间多在追求第二步，而我无比强调第一步。这个区别是生命教育和传统教育最大的区别。

真正的教育是打开心门之学，当彼此的心门向对方敞开的时候，真正的教育其实就已经完成了。如果一定要追求方法，第一层面的方法才是正道。

大家自然会怀疑：难道不需要第二层面的方法吗？

当生命拥有了第一层面的方法，当生命熟练掌握了和心在一起的法门，习惯了打开心门，和心在一起，第二层面的方法随处都是。不用追求它，反过来，它会主动追随和陪伴你。

当心真正到位了，（第二层面的）方法就会自然流出来，自然生发出来。

万法心生，心生万法。

是不是感觉不可思议？是不是感觉难以理解？是不是有眼前一亮、呼吸停止、心脏猛跳的感觉？到底是什么意思？怎么理解？

勉强打个比方，今晚你要和一个多年未见的好友见面，你们之间的友情很深，你需要问我应该怎么跟他说话吗？显然，毫无必要！你们之间无论怎么说，甚至见面彼此打一场，都是你们之间最好的相处之道。因为，你们的心门是彼此敞开的。

再打个比方，今晚你要和债主见面，人家要跟你讨债，你来问我应该怎么说怎么应对。我只能说，再怎么应对，也只有一个结果：一定很煎熬很不开心。因为，你们的心门是彼此紧紧关上的。

我们再次看到，人性都一样，所有人际互动的原理跟教育的原理完全相同。教育不就是人际互动吗？所有人际互动的规律，都是按照人性的规律展开的。

真正的生命教育、心灵教育、人性教育者，必然懂人性、懂人生、懂人情世故，不通人性、不通人生、不通人情世故者，绝不会是一个卓越的教育者。

真正的教育是什么？真正的教育是打开心门之学。

真正的方法是什么？真正的方法是打开心门之法。

当彼此的信任和情感建立起来，也就是说，当彼此的心门向对方敞开——

微笑是教育，斥责也是。

鼓励是教育，批评也是。

宽容是教育，严格也是。

放松是教育，压抑也是。

欢乐是教育，痛苦也是。

成功是教育，失败也是。

给予是教育，剥夺也是。

……

这又是怎样的境界和智慧？

反过来，当双方的心门紧紧关上——

微笑是伪装，斥责是真实。

鼓励是哄骗，批评是打击。

宽容是无奈，严格是冷漠。

放松是偷懒，压抑是强迫。

欢乐是暂时，痛苦是长久。

成功是压力，失败是灾难。

给予是不甘，剥夺是伤害。

……

这是怎样的“境界”和“智慧”？

一切都是教育，一切也都不是教育。

一切皆取决于心，而不是外在的方法和行为。

解决问题的方法不是教育的重点，更不是教育的灵魂。因为，解决问题的方法到处都是，灵活机动，随心所欲，信手拈来。

只需要你和自己的心，和孩子的心，在一起。

只需要你熟练掌握打开心门之法，真正能够和心在一起。

只需要你追求并真正熟练掌握运用第一层面打开心门、和心在一起的方法，并已经习惯了和自己的心灵时时沟通。

如此，第二层面的方法自然会有，信手拈来，随心所欲，机变无方。

反过来，不去追求第一层面的方法，不去练习应用第一层面的方法，只对第二层面感兴趣，只去追求第二层面的方法，往往是这样的结果：

其一，往往找不到方法，好不容易找到一个，很快会失效，走入死胡同，只好放弃不用。

其二，会经常不知所措，经常有疲倦感、无力感、无助感。

其三，不知审时度势，不会灵活应变，不会把握时机和度，总是张冠李戴，进退无度，动辄得咎。

其四，无法明了方法的真谛，容易执着，容易偏用，容易滥用。

其五，自己不走成长路，改变甚微，只想一味改变孩子。

其六，人生没有境界，没有格局，没有智慧，只是一帮无用的

“阴谋诡计”的集合。不仅无用，还都是负面作用，是大恶。

其七，教育和人生是割裂的，教育和生活是割裂的，教育对增进人生和生活的福祉作用甚小，反过来，往往是烦恼和不幸的根源。

结果是努力的方向错了就全错了。

我所有理念的重点都是在一遍又一遍地告诉大家：生命正确的追求，生命正确的努力方向，应该在哪里。

教育真正的灵魂是知道自己的心在哪里，如何管理好自己的心，如何和自己的心在一起，如何和孩子的心在一起，如何敞开彼此的心门。

当生命知道自己的心在哪里，当生命管理好自己的心，当生命和自己的心在一起，和孩子的心在一起，敞开彼此的心门的时候，何处不是（解决问题的）方法呢！

生命本来就是活泼的，生活本来就是活泼的，教育本来就是活泼的。所以，真正的教育一定是千变万化，随心所欲，似水无形，似音无痕，无为无不为，无得无不得。这一切皆建立在和心在一起上。因为，所有的活泼，皆来源于这颗心的活泼。

世间万法，万变不离其宗，我们要达到教育的至高境界，要获得成长的至高智慧，就必须紧紧守护住我们的心。它是生命所有力量、所有情感和所有智慧的唯一源泉，要撇开它而妄图获得成功，世间安有此理！

除了生命根本的智慧，除了心灵至高的皈依，除了人性普遍的法则，没有什么可以被称为教育。

19

玩具的故事——放下紧张与情绪

1

3岁的小齐想玩枪，可小朋友们都爱玩枪，这次没他的份，小齐很委屈，不知道该怎么办，哭了起来。

张老师走上去，把小齐抱在怀里什么都没说，静静地陪着小齐。

过了一会儿，张老师问："好点了吗？"

小齐："还没。"

张老师："哦，老师再抱你一会儿吧，想哭就再哭会儿。"

小齐又哭了一会儿，不哭了。

张老师："现在心情好点了？"

小齐："嗯。"

张老师："你愿意告诉我，刚才发生什么事情了吗？"

小齐："他们都有玩具，我没有。"

张老师："你需要我的帮助吗？"

小齐："需要。"

张老师："你想玩什么玩具？"

小齐："我想玩枪。"

张老师："老师看到枪被别的小朋友拿去玩了，老师有两个办法，你想听一听吗？"

小齐："嗯。"

张老师："第一个办法，老师可以帮你和小朋友商量一下，问问小朋友愿不愿意把枪分享给你玩。第二个办法，我们可以先玩别的玩具。这两个办法你可以选择一个。"

小齐（想了一会儿）："那我玩积木区的积木吧！"

张老师："嗯。"

说完，小齐就自己去玩了。

2

小本气喘吁吁跑过来，指着其他小朋友正玩得起劲的玩具，对陈老师说："老师老师，我特别想玩那个。"

陈老师："那怎么办？"

小本喘了好几口气，明显放松了下来："我怎么办，怎么办？"

陈老师："需要陈老师帮忙吗？"

小本："嗯。"

陈老师："陈老师想想。"

小本站在那儿，也在想办法："我让妈妈给我买一个。"

陈老师："哦，这是一个办法，还有吗？"

小本："我下次早点去拿。"

陈老师："嗯，还有吗？"

小本："我现在问他要。"

陈老师："好啊，你愿意去试一试吗？"

小本："我去试一试。"

小本就去跟小朋友商量，一会儿又跑过来，很紧张的样子。

小本："陈老师，他不愿意借给我玩。"

陈老师："你是不是特别想玩，想得自己都紧张了？"

小本："嗯。我特别想玩，特别想玩，那个玩具可好玩了，老师……"

小本给陈老师讲了一通理由，说着说着，他渐渐放松了下来。

陈老师："小本，老师现在看你不紧张了。"

小本："嗯。"

陈老师："你愿意再去试试吗？"

小本犹豫了一下。

陈老师："陈老师告诉你一个秘诀，不紧张，放松去借。不管小朋友答应不答应，让自己放松，不紧张，慢慢和他商量，你看行吗？"

小本点点头，自己琢磨了一会儿，又去借了，这回成功了。

事后，陈老师问他成功的秘诀。

小本："我说下次我先拿到这个玩具的话，会借给他玩，这次让他借我玩会儿，他就同意了。"

陈老师："你有什么收获啊？"

小本："……"

陈老师："你是怎么借到玩具的？"

小本："想办法！"

陈老师："办法又是怎么想出来的？"

小本（想了一会儿）："陈老师，不紧张就能想出办法。"

陈老师："对，放松，就有办法了，是不是？"

小本："嗯。"

3

有一次分享课，小风带来的风车被小朋友们玩坏了，小风很不高兴，使劲嚷嚷。

小风："我讨厌分享课，我讨厌×××，还有×××，我再也不跟他们玩了，再也不和他们分享了……"

刘老师："小风，你看上去很生气啊。"

小风："是的，我很生气，都快气疯了。"

刘老师："那现在怎么办？"

小风："你给我把风车修好！"

刘老师帮他修了修："老师修不好，这风车太高级了，真是可惜，要不你再想个办法吧。”

小风：“你帮我想吧。”

刘老师也不生气，想了一会儿：“我确实想不出来，要不还是咱们俩一块想办法吧。”

小风说了好多办法：

要不粘起来？

要不这么这么弄？

要不那样那样整？

……

小风说了半天，只是这些方法显然都不怎么靠谱。

最后，小风说：“算了，还是让妈妈上网再给我买一个吧，也不贵。”

刘老师：“你现在不生气了？”

小风：“嗯。”

刘老师：“那你下次还愿意分享玩具吗？”

小风：“愿意，不过我得告诉他们小心一点。”

刘老师抱抱他：“老师喜欢你的大气。”

小风：“谢谢老师。”

刘老师：“你现在平静了？”

小风：“嗯。”

刘老师：“恭喜你练习了静心。”

小风：“谢谢老师。”

生活中总会有纠纷，在幼儿园，孩子之间的纠纷多跟玩具的分享有关，问题是孩子真正需要我们解决的是玩具问题吗？

每个教育者当深思：孩子需要我们解决的到底是什么？

除了玩具，吃饭、喝水、排队、上课、睡觉、等候、看书、手工、故事、游戏……任何环节，都可能会产生纷争和不和谐音符，要有效处理这些纷争和不和谐，我们必须明了：孩子需要我们解决的到底是什么？

这个问题看起来很奇怪啊！难道不是他们之间起纷争的那件事，那个起纷争的缘由吗？

假设这个思路是对的，那么，当我们按照这样的思路走下去，我们会在不知不觉中发现：渐渐地，我们从“教育者”蜕变成了“消防队员”，哪里有火哪里上；我们从“教育者”蜕变成了“勤务人员”，哪里有事哪有我；我们从“教育者”蜕变成了“法官”和“警察”，时时警醒、时时监督、时时侦探，时时刻刻紧张不安。

就这样，我们越来越疲于奔命，我们的生活，越来越远离宁静、轻松、幸福和自在。我们发现，需要我们解决的问题、纷争和事件，看起来无穷无尽。

如果这样看待教育，那么，我们很容易陷入上述疲于奔命的圈子中，忧愁困苦，解脱不得。

人世间各种现象纷繁复杂，问题、纷争和事件，自人类诞生以来，从来没有消停过，只要人类存在，永远不可能消失或停止。以有限的人生、时间和精力，对抗这永无穷尽的外界不受我们控制的问题、纷争和事件，还希冀这些问题、纷争和事件能朝着我们期待的方向走，这就是最典型的“努力选错了方向”，用现代的话来说，就是“严重不靠谱”。

这样的思路和努力，除了让自己陷入忧愁、焦虑、困苦、烦恼的恶性循环，别无他路。

人世间所有的真理都是相通的，人生如此，生活如此，教育亦是如此。

孩子需要我们解决的，到底是什么？生命、生活、人生，需要我们解决的到底是什么？

在纷繁复杂、永无穷尽的现象下面，是不是还有我们未曾发现的更关键更根本的因素呢？也许，这些我们未曾发现，或者虽然发现但并不看重的存在，才是问题的根本和关键。

当孩子的心真正沉静下来，很多时候，他们自己就会找到解决问题的办法。即使有些时候有些问题没有找到解决的办法，但是心灵已经到位，问题已然不成为问题。

真正的教育就是这么简单明了。

很多时候不是事该怎么办，而是心安妥了没有。

因为，万法心生，心生万法。

所以，除了心，还是心。

什么是心？它在哪里？它的显现是什么？

只要我们学会朝内看，向内走，而不是朝外看，向外走，我们很容易看到心。

比如：人人都有的身体的紧张，就是心的外显之一，就是心的象征和代言。

又如：人人都有的心里的情绪，就是心的外显之一，就是心的象征和代言。

跟纷繁复杂、永无穷尽的问题、纷争和事件比起来，人类亘古不变的紧张和情绪，是多么简单和明了。

可不可以，把我们人生的主要时间和精力，用于处理这简单明了的紧张和情绪呢？把我们人生主要的努力方向，投向放下内心的紧张和情绪呢？

当紧张和情绪放下后，那看起来纷繁复杂、永无穷尽的问题、纷争和事件，还在哪里？还是那么深厚和浓重吗？

当人生这样来努力，又怎么会让自己陷入忧愁、焦虑、困苦、烦恼的恶性循环中，无法解脱呢？

很多时候，真不是我们不努力，而是我们的努力选错了方向。

在我们幼儿园，老师很少直接给予孩子问题的答案。他们发现，绝大多数时候，孩子能自己解决问题，自己找到答案。老师只需要通过提问或磋商引导孩子就可以了。

要达到这样的状态，先要解决一个关键性的前提条件：孩子身心的紧张和情绪已经放下来了。也就是说，孩子的身心已经沉静下来了。生命的美丽、智慧和创造的展现，完全是建立在之前老师已经充分引导孩子看到自身的紧张和情绪，并帮助孩子充分放下的基础上。所谓事的完满，其实完全是建立在心的完满的基础上。

我们的教育不看重表面的纷繁复杂，不在意外在的千变万化，而是直接看到表象下隐藏的完全无别的人类内在的紧张和情绪，并直接去处理这些紧张和情绪，接纳和放下它们。至于其他，无须过于注重。

正如本篇故事所示，真正的生命教育、心灵教育和人性教育，就在这样简简单单、明明了了、自自然然、轻轻松松中，让智慧流淌了出来，融化了所有的紧张、情绪以及不安，融化了所有的问题、纷争以及事件。此时，我们猛然发现，原来世界是如此宁静、美丽、自由和安详。

心安了，这个世界就安了。在这样安宁的世界里，生命的独立精神和自由思想、创造才华和包容能力、责任承担和自律自省……开始不可抑制地，自由自发地，破土而出，茂密生长。

20

害怕的故事——给予孩子成就感

1

张老师给山子布置了10道数学题，第二天，山子没有交作业。

张老师："山子，你的作业呢？"

山子："老师，我没有做。"

张老师："为什么不做？"

山子："都不会。"

张老师："噢，都不会，到底有多少不会呢？"

山子："不知道，好多。"

张老师让山子把作业拿出来，把不会的指出来。

山子数了数，口中念念有词："1、2、3、4……"

山子："老师，有5道不会。"

张老师："好，先把会的5道做出来。"

山子一会儿就做完了，张老师检查了一下，都对了，张老师表扬了山子。

张老师："山子，剩下的5道不会的也做做看，看看能做对几道，好不好？"

山子说"好"，继续做题，一会儿做完了，对了2道，错了3道。

张老师："你现在数数，总共做对了几道？"

山子数了数，回答道："老师，我做对了7道。"

张老师："不错啊，10道题目，你做对了7道，这说明大部分你会做，是不是？"

山子："是。"

张老师："那你为什么说好多不会？"

山子（想了想）："不知道。"

张老师："老师猜啊，你是被吓着了对吧？"

山子（很惊奇）："是的，老师，你怎么知道？我一看好几个都不会，就觉得都好难。"

张老师："所以你就放弃了，是吗？"

山子点点头。

张老师："你现在还感觉难吗？"

山子："还行，不是特别难，跟平常差不多。"

张老师："你现在还害怕吗？"

山子："不害怕了。"

张老师："如果以后再遇到类似情况，怎么办？"

山子："……"

张老师："比如，以后你拿到作业，又是看起来好多不会，你怎么办？"

山子："我就挨个数一数，看看到底有几个不会。"

张老师："嗯？数会的还是数不会的？"

山子（很聪明，马上反应过来）："嗯。数会的，不数不会的。"

张老师："数不会的会有什么感觉？数会的又会有什么感觉？"

山子："数会的不害怕，数不会的会害怕。"

张老师："所以呢？"

山子（大声地）："数会的，不数不会的。"

2

刚来园的叶子是个内向的女孩，沉默寡言，谨言慎行，好像总是有很多心事。

今天有演讲课，需要小朋友上台演讲，叶子把头埋得低低的，生怕轮到自己上去。

这回杨老师直接点名了："叶子，你上来讲讲。"

叶子一动不动，杨老师第二次叫她："叶子，请上来。"

叶子没有办法，只得站了起来，战战兢兢走到讲台上，眼神慌张，小脸通红，浑身紧张，一言不发。

大家耐心等了一会儿，叶子还是一言不发。

杨老师："叶子，你是不是特别害怕啊？"

叶子"嗯"了一声，声音比蚊子还小。

杨老师："请大声一点好吗？"

叶子又"嗯"了一声，这回声音大点了。

杨老师："好。你先介绍介绍自己，说说自己是一个什么样的人。"

叶子："我胆子很小……"

叶子的声音很小，但能听清楚了。

杨老师："你说你胆子小，但是你能在这么多人面前公开承认自己胆子小，大家说说看，这是胆小者的行为，还是勇敢者的行为？"

大家（纷纷地）："勇敢！叶子很勇敢！"

杨老师："对啊，你看，你能在这么多人面前承认自己胆小，这说明你胆子一点也不小，说明你很勇敢。"

叶子："……"

杨老师："叶子，你特别害怕上演讲课，是不是？"

叶子点头："嗯。"

杨老师："昨天老师通知你们第二天要上演讲课，让你们回去准备，你昨天紧张吗？今天来的时候紧张吗？"

叶子："紧张。"

杨老师："你今天是不是有点不爱来幼儿园？"

叶子："有一点。"

杨老师："你看，你对演讲课又害怕又紧张，可是你还是战胜了自己的害怕和紧张来幼儿园上课了，这说明了什么？”

大家（纷纷地）：“勇敢！叶子很勇敢！”

杨老师（转过身面向大家）：“请大家安静，老师想听听叶子自己的回答。叶子，告诉老师，你这么害怕这么紧张还是来幼儿园上课了，并没有选择逃课，这说明了什么？”

叶子（酝酿了一会儿）：“我很勇敢……”

杨老师（鼓励）：“继续说。”

叶子：“我胆子并不小。”

叶子：“我能战胜害怕和紧张。”

叶子：“我是个勇敢的孩子。”

叶子的声音越来越大。

杨老师：“好，现在你可以开始演讲了，热烈的掌声送给我们勇敢的叶子。她演讲的题目是‘我的快乐的一天’。”

叶子：“我喜欢幼儿园，这里的天特别蓝，这里的树特别绿，这里的老师和小朋友都很可爱。总之，这里有一种说不清楚的特别的味道……”

叶子滔滔不绝，大家都很吃惊，包括杨老师，看起来这么沉默寡言的小朋友，竟然是一个在演讲方面很有天赋的孩子。

演讲结束后，小脸依然红红的叶子，在大家热烈的掌声中，开心地走下了讲台。

恭喜她成功地迈出了人生重要的一步。

问大家一个严肃的问题：怎样可以把一个孩子教坏？

比如，怎样才可以做到：

孩子本来自然，我们扭曲之。

孩子本来天真，我们狡诈之。

孩子本来有趣，我们无聊之。

孩子本来聪明，我们愚笨之。

孩子本来勇敢，我们胆小之。

孩子本来有力，我们无力之。

……

在此分享答案，供大家参考。

当我们总是认为孩子不够对、不够好，努力地教他对起来、好起来的时候，我们是在迅速地、有效地教坏我们的孩子。

这个答案估计你无语，我也无语。

看看山子的案例，他为什么会不由自主去看自己不会的问题，而不是先去看自己会的问题呢？

再看看叶子，她为什么看不到自己的勇敢，而总是看到自己的胆小，并且在骨子里面根深蒂固地认为自己胆小呢？

这样的事例，在日常生活中司空见惯。为什么会这样？

我们教育孩子，你要勇敢，你要礼貌，你要专注，你要坚持，你要认真，你要努力……自然而然，与之伴随的是我们会时常指出孩子的胆小、无礼、粗心、不坚持、不认真、不努力……以“帮助”孩子成长，“教育”孩子成长。

这样长期下去会发生什么？

反正，孩子是不是勇敢、礼貌、专注、坚持、认真和努力，先放一边，我只知道，孩子会受伤。

这是一个常常被教育的孩子，还是一个常常被否定的孩子？孩子若常常被否定，他会不会受伤？受伤的心灵，缺乏力量的心灵，真的会更勇敢、礼貌、专注、坚持、认真和努力吗？

司空见惯就是这么来的。

正如之前所说，很多孩子来我们幼儿园，不是来受教育的，而是来疗伤的，哪怕是只有两岁的孩子，也是伤痕累累，触目惊心。

原因是什么也很清楚了。

当我们总是认为孩子不够对、不够好，努力地教他对起来、好起来的时候，我们是在迅速地、有效地教坏我们的孩子。

说教坏，还是客气的，说破坏，应该更为贴切。大家一定要小心，避免伤害孩子。

很多时候，教育的智慧成了疗伤的智慧，正如本则故事所示范。疗伤效果再好，也是第二第三流的。你想，把孩子教坏了，再给顺过来，怎么看都是迫不得已的选择。第一流的智慧，第一流的教育，自然是让孩子不受伤。

怎么办?

难道孩子没有不对没有不好，就无法展开教育吗? 一定要找到孩子不对不好的地方，才能展开教育吗?

恰恰相反，孩子没有不对没有不好，孩子都好都对，在你真真切切、诚心诚意地确认的当下，最好的教育已经展开了。

这个时候，教育很简单，你只需要把你所看到的，把孩子真实拥有的真善美告诉孩子，就可以了。

正如本篇故事所示，老师一遍又一遍地向孩子们指出他们的好，他们的对，他们的真，他们的善，他们的美，他们的拥有。这样，教育就完成了。

“有分别的爱”不是爱，而是伤害和破坏。问题是，生活中处处都是“有分别的爱”。

首先，在日常生活中，我们经常把孩子的行为分出三六九等来。

我们需要反省我们的教育。

此外，在日常生活中，我们也经常把亲人的行为分出三六九等来。我们也要反省：我们的人际关系，我们的生活品质，我们的家庭氛围，是不是也……

最后，在日常生活中，我们还经常把自己的行为分成三六九等来。我们更要反省：我们的人格架构，我们的心灵素养，我们的生命格局，是不是也……

故此，我们要问自己：我们真的爱孩子吗？我们真的爱亲人吗？我们真的爱我们自己吗？

圣哲教导我们：爱人如爱己。

很多时候，我们连自己都不爱，所以，爱人的水平，就可想而知了。

首先，我们自己的生活总是充满焦灼不安、痛苦烦恼，因为这个三六九等，对自己是有分别的爱。

其次，我们让身边的亲人焦灼不安、痛苦烦恼，因为这个三六九等，对亲人也是有分别的爱。

最后，我们让我们最亲爱的孩子焦灼不安、痛苦烦恼，因为这个三六九等，对孩子的爱有分别。

这一切皆源于爱人如爱己。这一切皆取决于爱己的水平。

那么，什么是爱己？

爱己，意味着关爱自己的心灵，走上生命成长之路。

所以，不走成长之路，真的能做好教育吗？

不走成长之路，连自己都做不好，还能做好教育吗？

21

努力的故事——让孩子自由生长

1

每天一早，仔仔来幼儿园，妈妈说："仔仔，跟老师打招呼。"仔仔不吭声。老师说："仔仔早上好。"仔仔还是不吭声。妈妈说："赶紧跟老师打招呼，赶紧啊。"仔仔没办法，只好面无表情地说："早上好。"

每天放学，妈妈来接仔仔，妈妈说："仔仔，跟老师说再见。"仔仔不吭声。老师说："仔仔再见。"仔仔还是不吭声。妈妈说："赶紧跟老师说再见，赶紧啊。"仔仔没办法，只好面无表情地说："再见。"

每天就是这样上演"早上好"和"再见"。

班主任李老师跟仔仔交流：“仔仔，你有时候不舒服或者不高兴，不想打招呼，是不是？”

仔仔点点头。

李老师：“没关系，不想打招呼就不打招呼，老师不会怪你。”

仔仔：“嗯。”

李老师：“那妈妈催你怎么办？”

仔仔：“怎么办？”

李老师：“你想想？”

仔仔：“我可以跟妈妈说我不想打招呼吗？”

李老师：“可以啊。”

仔仔：“妈妈会说我骂我的。”

李老师：“老师帮你跟妈妈说说，好吗？”

仔仔：“好。”

李老师：“等老师和妈妈说完，你就可以试着和妈妈这样说，好吗？”

仔仔：“好。”

当天，李老师和仔仔妈妈交流了，仔仔妈妈答应不再强迫孩子跟老师打招呼，也不再强迫孩子跟别人打招呼。

接下来几天，仔仔上学放学，都没有跟老师打招呼，妈妈总是表达歉意，李老师说：“没关系，尊重孩子，让孩子做真实的自己就好。”

大概一周后，放学时，仔仔跟往常一样，根本不打招呼，风一样跑出去找小朋友玩，跑了几步，忽然停顿了一下，回头喊了一声“老师再见”，就跑远了。

妈妈惊讶了半天，李老师只是笑笑，对妈妈说：“让你惊讶的还在后面呢。”

果然，仔仔和老师的招呼越来越多，更重要的是，每次打招呼都很主动，很大声，很开心。仔仔开心，老师也开心，妈妈自然更开心。

当然，很多时候，仔仔是不打招呼的，那又如何呢？

2

方方刚来幼儿园时很不合群，总爱自己一个人玩。

在操场上户外活动课，别的孩子都在东边的滑梯区，她一人跑到西边的种植区。反过来，别的孩子都在西边的种植区，她一人待在东边的滑梯区。

教室里大家都在上手工课，人人忙得不亦乐乎，她什么都不做，经常溜出去走走，有时还走到我的办公室。

别的小朋友都在聚精会神地听故事，她在旁边走来走去，一会儿抱一抱洋娃娃，一会儿摆弄摆弄木头，反正不跟大家合拍。

这种事情很多，爷爷看见了很着急，总是催方方说方方，还要求老师多管管她。

有一次，方方一个人待在植物区，爷爷隔着栅栏喊：“方方，别在这里待着，和小朋友玩去，快，听话！”一边说还一边挥手示意方方赶紧过去。结果，没一会儿就把方方弄哭了。当天方方只能跟着爷爷早早回家，路上爷爷还在不停地说着方方。

班主任张老师劝爷爷："每个孩子都不一样，我们慢慢来，可不可以？"

爷爷没有其他办法，只得勉强答应，和张老师约好，这段时间不管孩子怎样，都不说孩子。

每次方方一个人活动的时候，班里老师都会抽出一个人重点看护她，这样无形中每个老师就多了不少工作量，那段时间，老师们很累。但是，老师们谁也没有否定方方，谁也没有说方方，只是给予方方充分的自由，尽可能让她按照自己的方式、节奏、天赋，自由生长。

这样大概一两周后，方方很好地融入了集体，再没有和以前类似的行为发生。

爷爷很开心，专门来向老师道谢，还自我反省："看来我这个老脑筋也需要学习啊！我发现，孩子没问题，问题都出在大人身上。"

张老师夸爷爷："您都七十多了，还这么开明，真是少见。"

听完老师的夸奖，爷爷笑得合不拢嘴。

方方在一边说："爷爷，你变可爱了，不像以前那么讨厌了。"

大家哄堂大笑。

当我们的心和孩子的心在一起，孩子带给我们的，除了开心，还是开心。

这篇文章，为什么要叫"努力的故事"？没看见谁努力啊？不对，只看见了孩子们的不努力啊？最多，看见了老师的接纳、耐心和包容。

这就是最大的问题，我们经常看不见孩子的努力。

第一个故事讲“不打招呼”，是在努力？

第二个故事讲“独自一人”，也是在努力？

对啊，仔仔要是不努力，后来怎么会主动热情地打招呼？

同样，方方要是不努力，后来怎么会这么快地融入环境？

每个孩子都在努力，只是按照他们自己的方式、节奏、天赋，而不是按照我们成人的臆想和自以为是，如此而已。

看看仔仔是怎么努力的。

在李老师没有干预之前，仔仔每天努力面对妈妈唠叨的压力来幼儿园，就已经很烦了，根本不可能心甘情愿打招呼，能来幼儿园就不错了。

在李老师干预后，仔仔很长一段时间也要面对压力，面对妈妈可能还是会说他的压力。慢慢地，仔仔发现妈妈真不怎么说他了，这个压力就慢慢放了下来。接下来，他只需要解决打招呼这件事情本身的压力就好了。当他把妈妈给予他的压力卸下来后，也就是说，当他彻底放松下来的时候，他发现，打招呼根本就不是什么难事！只是，他没有必要总是打招呼，这样太假太扭曲，他发现顺其自然就好。有心情了想起来了就打招呼，没有心情或者忘记了就算了。他发现做真实的自己最好，这样，自己不累，别人也不累。

所以，打招呼是一种努力，一种成长，是爱别人，给别人力量；不打招呼也是一种努力，一种成长，是爱自己，给自己力量。两者都是努力，只是努力的小方向不同，大方向都一样。

再来看看方方的努力。

方方来到一个新环境后，必须克服自己对新环境的焦虑感和不安全感。之前，很多焦虑和不安来自爷爷和家人，老师干预后，来自家人的焦虑和不安少了很多。她要面对的是自己暂时力量不够带来的焦虑和不安。没有家人的干预，她可以全力以赴地解决自己的适应问题，她的力量不用分散。也就是说，她可以用在（适应）这件事情上的力量大了很多。她每天的游离，其实都是在以自己的方式、节奏、天赋，适应环境，小心翼翼地保护自己不受伤害，再以自己的方式、节奏、天赋，慢慢生长出力量和智慧。由于老师的接纳、包容、辛苦和耐心，加上自己可以全力以赴，她只花了一周多，就生长出足够的力量和智慧，喜欢和信任环境，适应和展开自己的生活了。

很多时候，孩子的力量，孩子的努力，方向只是用于对抗爸爸妈妈爷爷奶奶们的压力，只是用于对抗身边最亲近的人施加给他的副作用力。孩子的力量本来就有限，还要分出去一大部分去对抗身边亲人给予的负面力量，这真是这个世上最糟糕、最愚蠢、最浪费的事。所以，孩子为什么总是受伤，孩子的成长为什么看起来总是不尽如人意，原因就很清楚了。

反过来呢？幼儿园老师所做的其实也很简单，就是把不必要给予孩子的压力卸下来，最重要的是自己不扮演孩子生命压力的给予者的角色。让孩子按照自己的方式、节奏和天赋来面对自己成长路上必须要面对的人、事和物，让孩子按照自己的时间表生长出生命的力量、情感和智慧。

真正的生命教育、心灵教育、人性教育，就是这么简单、自然而轻松。只是，为什么我们总要去选择一条施加压力和被施加压力的道路呢？需知，我们给孩子施加压力，孩子也会给我们施加压力（通过形形色色的哭闹、不配合、不服从……），乃至有一天学会报复我们，这样的事实生活中遍地都是（只是很多时候我们根本意识不到）。

我们为什么总要去选这样的道路？

问题的关键依然是，很多时候，我们看不见孩子的努力。

静下心来，回忆一下，我们亲爱的孩子，是怎么学会走路的？他一天要摔多少次？一开始，怎么也得十来次吧，但只要摔得不是特别疼，还是要继续爬起来走。实在疼了，哭一会儿，继续练习。

我们要静下心来，好好想想如何尊重、理解和信任我们的小生命。从走路开始，到练习吃饭、穿袜子鞋子、脱衣服穿衣服、跑步、学说话、打招呼、识字、才艺……其实，这个小生命每天都在做他想做、能做、应做的事情，每天都在为他想做、能做、应做的事情竭尽全力，只是不按照我们的意愿和方式来，仅此而已。

我要提醒大家，从日常每一个生活和生存技能的习得上，我们都能看到孩子的坚忍不拔以及来自生命深处的永不放弃，说是自强不息也一点不为过。一天摔十几次还是要走路，摔疼了，哭一哭抱一抱，继续走，他可是绝不轻言放弃的。在精神领域，孩子是我们不折不扣的导师。

如果有时间，就在当下，让自己真正地静下来，让自己狂野的心不再乱跑，好好地回忆回忆你的孩子，是怎么学会一项又一项本事的。当你想明白这件事，我想你会承认：我们错了，错得不是一星半点！

从此后，学会尊重、理解和信任你的孩子吧，从此后，再不要去强迫孩子，不要去怀疑孩子，不要看不到孩子的努力和不容易了。

有一天，一个爸爸对孩子来幼儿园后的各种表现很不满意，冲孩子咆哮，对我使劲抱怨，我对他说：

“你有否看见孩子每天从香香的睡梦中被叫醒，他没有哭闹，而是选择坚持？

“你有否看见孩子每天从暖暖的被窝里钻出来，冒着寒凉穿衣服，他没有哭闹，而是选择坚持？

“你有否看见孩子每天一路上的寒风冻着他的小脸和鼻子，他没有哭闹，而是选择坚持？

“你有否看见孩子每天进幼儿园的大门后，就要被逼着跟各种人打招呼，他没有哭闹，而是选择坚持？

“你有否看见孩子每天都要在幼儿园经历多少纠纷、冲突和不和谐的事件，他没有哭闹，而是选择坚持？”

这位爸爸流泪了……

这一刻，你的心中是不是有什么被唤醒了？

这一刻，你有没有看到孩子的不容易和努力？

这一刻，你有没有生起对这个小生命深深的尊重、理解和信任？

这就是和孩子的心在一起。

我们的孩子，只要不给予他们压力，不干涉不破坏，他们都会按照自己的方式、节奏和天赋，去努力做好自己想做、能做和应做的事情。他们每一分每一秒都在做最真最好的自己。

这就是无分别的爱给予生命最好的礼物。

反过来呢？当我们总是不尊重、不理解和不信任我们的孩子，总是催促、说教、批评、指责、唠叨、吼叫，甚至动手责罚孩子，给予孩子的压力大大超过他的承载能力，孩子就像一棵在大风中即将断裂的小树苗，我们是否听见生命摇摇欲坠时在生命深处发出的颤抖和嘶吼？

我们没有去听，也没有听到……

这个生命该怎么办？该怎么面对这无尽的压力？

大家有没有在植物园看过盆景的培育过程？

在巨大的无尽的压力下，生命除了选择扭曲自己，哪里还有别的路可走！就像盆景中的小树，除了扭曲，还是扭曲。

所有在非人的环境里生存的生命，除了扭曲自己，没有别的活路。

再回到现实中，为什么当前这个社会如此杂乱、冷漠、愤怒……到处遍布不和谐的音符？

一切皆拜“有分别的爱”所赐。

有分别的爱，不是爱，而是伤害，是破坏。

养育一个孩子，不仅仅是给自己的家庭带来快乐这样简单的事情。每一个孩子，每一个新生命，都是新社会、新时代真正伟岸的奠基者和建设者。

因为，只要他们未来想生活在安宁和谐的社会中，他们就必须首先成为一个心灵安宁和谐的生命。

怎样才能养育出一个心灵安宁和谐的生命？这并不需要整个社会

环境的变化，而只需要：

在你的家庭中，彼此的尊重、理解和信任是主流。

在你的家庭中，鼓励和保护人人互相尊重、理解和信任。

在你的家庭中，实行“无分别的爱”的教育和生活态度。

人类社会要彻底告别污染、灾难、战争和倾轧，不在每个家庭中建立起“无分别的爱”的教育和生活态度，绝无可能。

为了我们的孩子，为了我们孩子的孩子，为了我们的子子孙孙，从现在开始改变吧。

22

哭泣的故事——做真实的自己

香香是我的小女儿，刚刚两岁，分享她的两个小故事。

1

有一天，香香笨手笨脚地在家里搬凳子，一下子磕着了脑袋大哭起来，我急忙抱起来。

我听到香香在我耳旁边哭边大声对自己说：“乖不哭、乖不哭、乖不哭、乖不哭、乖不哭、乖不哭……”

她的发音还不是特别正，我听了好几声，才听出来是这几个字。

一瞬间我好心疼这个小生命，立即对她说：

“宝贝，哭也乖，不哭也乖。”

“宝贝，想哭就哭，不想哭就不哭。”

……

这两句话来回交替，连续不停地说了六七遍后，香香停止了哭泣。

每次香香哭，我和她妈妈的语言差不多都是：

“宝贝，伤心了，哭一会儿吧。”

“宝贝，很疼吧，好好哭一会儿，哭一会儿。”

“宝贝，来，爸爸抱抱，来爸爸这儿哭一会儿。”

香香总是略哭一会儿就停止了。

因为我们总是这样和香香对话，有一天，她正在床上玩得热闹，忽然停下来对我们说：“哭一会儿。”然后迅速溜下床，自己跑到床的一角，拉起被子蒙上头，哭了起来。声音跟真的哭泣一模一样，只是一会儿等她自己揭开被子，才发现并没有眼泪，只是在演“哭”。

那个时候，香香也就一岁半，整得我俩大眼瞪小眼，不禁极度惊诧于孩子的精神能力。

这样的事情，之后还发生了好多次。

显然，当我们接纳孩子的情绪，孩子会以游戏的方式来主动探索和管理自己的情绪。

只是，这次她边哭边喊“乖不哭、乖不哭、乖不哭……”，而我们却从来没有对她说过“不哭”这个词，为什么孩子要这么对自己说话呢？她从哪里学来的？是听到外面有人曾经这样说过，还是姥姥曾经这样对她说过？还是……

我不知道。我想也许即使她从来没有听到过“不哭”“别哭”之类的语言，也不妨碍她自己创造出来。

我当时感觉很心疼，心疼她对自己的不接纳，“乖不哭、乖不哭、乖不哭……”潜台词就是“哭不乖、哭不乖、哭不乖……”。我看到了太多的生命对自己不接纳的事实，没想到，在这个小小的生命身上，我又看到了。所以，我立即告诉她“哭也乖，不哭也乖”“想哭就哭，不想哭就不哭”，告诉我的孩子，真实的你就是最好的。

我知道，我当时的心疼，并不仅仅是因为我的女儿，并不仅仅是针对我的女儿，而是全天下所有不被他人接纳、不被自己接纳的生命。

2

香香有一段时间便秘，看着她浑身使劲拉不出来，我们都很难受。有时候都看见屉屉头了，但就是怎么也拉不出来。没有办法，迫不得已，只能用开塞露。

有一次用开塞露，香香跟往常一样哭，一样挣扎，不一样的是这一次她边哭边喊：“真勇敢、真勇敢、真勇敢……”

生命总是令我们惊诧，类似的事情再次发生了。看着小生命拼命地努力，拼命地要战胜自己，我心中真不是滋味啊。妈妈赶紧对香香说：“宝贝，害怕也没事，害怕也很好，抱抱自己的害怕就好……”

几秒钟的时间，开塞露挤好了，哭泣立即结束，接下来的一切都很顺利。

也许，哭泣、害怕、伤害不可避免，但是，对哭泣、害怕、伤害的否定，完全可以避免。

没有否定就是肯定，没有伤害就是保护。

怎么做到呢？

直截了当地告诉我们的孩子：真实就是最好的！

每次听到孩子对自己不接纳的语言，看到孩子对自己不接纳的行为，我都很心疼。我和我的老师们的处理方式始终是一致的，如同上面故事中讲述的，我们会以合适的语言和方式，直截了当地告诉孩子："宝贝，真实的你就是最好的！"

难道不是吗？

刚才，我们讲到孩子对自己的不接纳，只是事情的一面，事情的另一面，你看到了没有？

事情的另一面无比清晰，就是：孩子的努力，孩子的不放弃，孩子的不抛弃，孩子的勇敢，孩子的上进，孩子的积极向上……

没有人教她"不哭""不害怕""勇敢"……但是，她却自动走上了这条路。

对于我来说，每时每刻都在孩子的身上看到了太多的坚持、努力、勤奋、向上，看到了生命坚定不移地向着太阳生长。

我们的小生命，没有一天不努力，没有一刻不努力！至于我们没有看到，那是我们的问题。

有的时候，这个小生命的努力会选错方向，或者还有更好的方向，那么此时，去帮助她一下就好了。

有时候，小生命以为否定自己就是成长，就是前进。我会告诉她："亲爱的孩子，和自己的心在一起，和真实的自己在一起，就是最好的。"

生命教育、心灵教育、人性教育就是在和孩子们分享关于生命、人生、生活最高的智慧，最高的幸福之道。

这就是和真实的自己在一起，接纳自己，活在当下。

人生在世，我们应该追求做"真实的自己"，还是做"最好的自己"呢？

恐怕99%的父母选择做"最好的自己"。自然，有一些人口头上会说选择前者，但在真实生活中，恐怕还是选择做后者。

既然要去做"最好的自己"，那么，现在的自己，就是不够好的。也就是说，生命从否定现在的自己开始，走上做"最好的自己"的道路。

问题是，你否定了现在的自己，你否定了当下真实的自己。你通过否定真实的自己让自己向前走，那么你的心灵、大脑和身体内部，一定充满矛盾、冲突和纠结。

因为，真实的声音不能抹杀，无法扑灭，当生命没有尊重、没有耐心、没有仔细地倾听自己内在的真实声音，没有好好满足自己内在的真实声音的时候，它会在那里一直存在，如同指引你外在的"最好"的声音一样，一直存在。这两个互相矛盾的声音一直并存，无尽的矛盾、冲突和纠结就此产生和发展。世上几乎绝大多数的痛苦、烦恼和焦虑不安，皆是源于内外两种声音无尽的矛盾、冲突和纠结。

好矛盾，好冲突，好纠结，所以"最好的自己"背后，往往是最扭曲的自己，最委屈的自己，最可怜的自己，最压抑的自己，最痛苦的自己，最纠结的自己……问题是这样的自己真是“最好的自己”吗？还是“伪装”成“最好的自己”？可怜的是很多时候，“伪装”都伪装不下去。

反过来，做“真实的自己”会怎样?

接纳“真实的自己”，和“真实的自己”在一起就好。和自己真实的心在一起，和它说说话，抱抱它，安慰它，鼓励它，就是最好的爱自己，就是最好的成长和前行。

生命不需要伪装，不需要扭曲，不需要自欺，也不需要勉强自己去迎合他人，不需要给自己压力让自己前行。这样自自然然、轻轻松松，守住自己的心，和真实的心在一起，不自欺，就好了。

此时，没有矛盾，没有冲突，没有纠结，生命的力量蓬勃地生长出来，情感蓬勃地苏醒开来，智慧活泼地流动起来，“最好的自己”自然而然地屹立起来。

和“真实的自己”在一起就是最好的成长。

“最好的自己”，这个“最好”的标准是来自于哪里?

显然，答案清晰明了，一定是来自外界的评价。

所谓做“最好的自己”，原来是为了别人的评价，为了别人而活着……难怪我们总是陷自己于矛盾、冲突和纠结之地。问题是总陷于矛盾、冲突和纠结之中的我们自己，真有能力为他人而活吗？我们忽然发现，当迷失了自己，一切都是空谈。我们连自己都做不好，还要去示范和引领他人，是一件多么荒谬的事情。

反过来，“真实的自己”，这个“真实”的标准又来自于哪里？

答案同样清晰明了，一定是来自于自己的内心。真正为自己活，对自己的生命负责，按照生命本有的规律，自然而然地生长、繁茂、生根、开花、结果……生命总是在自然态健康态，宁静致远，幸福和谐。这个时候，生命自然而然有能力帮助自己，帮助亲人，帮助他人。我们忽然发现，原来自己有了，他人也就有了，我们憧憬的生活也就有了。

只是，我们为什么总是无法接纳自己，要去做否定自己，让自己陷入无尽矛盾、冲突和纠结的事情？

归根到底，是源于我们对生命的不尊重、不理解和不信任。

我们不仅对孩子不尊重、不理解、不信任，对他人不尊重、不理解、不信任，我们对自己也是同样不尊重、不理解和不信任。

我们总以为自己是不完美的，我们总是挑剔自己，指责自己，迎合别人，希望能证明给别人看……把自身幸福的钥匙交到外界和他人手中。

这就是所谓的做“最好的自己”。

做“最好的自己”，到底是一个怎样的过程？

做“最好的自己”实质是，先贬斥自己，再通过“努力”，把自己“捞”上来。

比如，先定义自己“不乖”，再通过“努力”，让自己“乖”；先定义自己“胆小”，再通过“努力”，让自己“勇敢”；先定义自己“无能”，再通过“努力”，让自己“能干”……

相当于先给自己挖一个坑，再把坑给填满。

挖了填，填了挖，挖了填，填了挖……永无止境。

反过来，做“真实的自己”是告诉自己现在就在平地上，是告诉自己处处都是平地。所以，想跑就跑，想走就走，又何必挖来填去?

生命的旅程也许看上去高山横亘，沼泽密布，沙漠纵横，戈壁林立，但是其实每一步走下去都是平地。面对高山、沼泽、沙漠、戈壁，如同面对平地，并无分别。

因为无论高山、沼泽、沙漠、戈壁、平地，都是真实的生命，真实的自己，真实生命的真实组成部分，真实自己的真实一分子。来就来，走就走，来亦好，走亦好，并无分别。全然接纳，和它在一起，和自己的心在一起，和真实的自己在一起，这样就好。

就是这样简简单单、普普通通、朴朴实实、平平凡凡、安安静静……就是这样。

这是生命最高的境界。

23

索爱的故事——理解孩子的“非行”

1

快春游了，孩子们很高兴，热烈地讨论着带什么东西。

张老师看孩子们讨论得热闹，忍不住停下了脚步，生怕打扰到孩子们。

就在张老师刚刚停下脚步的时候，看到了这样一幕：平时爱说爱笑的皮皮，此刻却是不言不语坐在椅子上，一个人静静待着，看上去很不开心。

张老师急忙走过去，蹲下来：“怎么了皮皮，发生什么事了？”

皮皮转过头，直接抱住张老师的脖子，哭了起来，边哭边说：“我咳嗽，我发烧，我生病了，不能去春游！”说完，皮皮趴在张老师的肩膀上，放声大哭。

张老师很疑惑，今天没看到皮皮咳嗽啊。她摸了摸皮皮的额头，没有发烧。皮皮哭得这么伤心，到底发生了什么事？

等皮皮哭得差不多了，张老师问皮皮："宝贝，生病真是一件头疼的事情，是医生说你生病了吗？"

皮皮摇摇头："是我自己，这样我就不去春游了。"

张老师似懂非懂："哦，我明白了，那你再哭会儿吧，我抱着你，陪你伤心好吗？"

皮皮点点头，几分钟过后，皮皮对张老师说："我哭够了，我要玩去了。"说完，皮皮无精打采地走向积木区。

张老师："皮皮，需要帮助请来找老师，我很愿意帮助你。"

皮皮"嗯"了一声，玩去了。

张老师给皮皮家里打电话，妈妈接的电话，张老师问皮皮妈妈春游的安排。妈妈说这几天皮皮爸爸要出差，她也临时有事，就不去了。皮皮妈妈还跟张老师道歉，说本来说好要去的，现在不去了也没来得及通知张老师。

张老师这才知道原因所在，把今天皮皮的反应跟妈妈说了，妈妈很震惊，说一会儿和爸爸再好好商量商量。

放学的时候，爸爸来接皮皮，对皮皮说："明天爸爸陪你春游。"

皮皮听了之后，一下子跳起老高，开心地向每个小朋友喊着："我要春游喽！我要春游喽！我要春游喽！"

张老师看到了皮皮最开心、最真实的笑脸。

一个孩子，竟然会以这样的举动，以如此自欺的方式，以所谓生病的借口来安慰自己，保护自己……张老师真的好心疼。

走的时候，张老师悄悄对皮皮说："皮皮，爸爸的耳朵一定丢了，忘记了春游的时间，不过他终于想起来了。你要练习帮助的美德，明天提醒他们早起哦！这次我们就原谅他们好吗？"

皮皮使劲点点头，跑过去抱住了爸爸，父子俩开开心心地回家了。

2

后天就是感恩节，感恩节的活动很隆重，幼儿园的老师和孩子都在紧张筹备着。

这天中午，牛牛的妈妈来找刘老师，跟刘老师告状："昨天晚上，牛牛非得拔空调的插座！空调插座那么老高，怎么拔得下来！再说拔它干吗！爷爷奶奶不让，他非得拔。爷爷奶奶怎么说他也不听，还跟爷爷奶奶使劲嚷。他爸爸从书房出来说他也不听，非得把那空调插座拽下来不可。听到外面乱成一锅粥，我正做饭呢，只得关了火跑出来。我跟牛牛说不许拔，没想到他看见我更来劲，一下就把空调插座拽下来了，使劲猛了，还自己一屁股摔在地上。他爸爸气得给了他一巴掌，他就哇哇大哭。我去抱他他也不理会，还骂我是个坏妈妈，又哭又叫，真是糟透了。"

刘老师说："是啊，我也感觉牛牛最近情绪不稳定，今天上午还跟我呛呛呢。分享课上，他什么都不愿意跟人分享。我对他说，请练习分享的美德，他就对我说，请练习理解的美德，然后独自一人吃自己带来的香蕉，一副爱理不理的样子。”

刘老师和妈妈分析牛牛最近闹情绪的原因，分析了半天也没有找到答案，正好主班张老师过来，她俩就把这件事告诉了张老师。

张老师沉吟了一下，对牛牛妈说：“你还记得去年的感恩节吗？”

妈妈：“不记得了。”

张老师：“去年感恩节，你临时有事没来，除了你之外，我们班所有孩子的妈妈都来了。感恩课上，妈妈给孩子送礼物，对孩子说话，孩子给妈妈送礼物，对妈妈说话。最后，所有的妈妈和孩子都抱在一起，哭得稀里哗啦，特别感动。唯独牛牛一个人孤零零的，看得出来孩子很尴尬、很难受，没有办法，我让刘老师临时充当你的角色，陪着牛牛上感恩课。”

妈妈：“张老师，我想起来了，之后好长一段时间，牛牛的脾气可大了。”

刘老师：“是啊，我也想起来了，有一段时间牛牛不愿意来幼儿园。”

张老师：“是啊，今年感恩节又要到了，会不会是因为这个原因呢？”

妈妈：“张老师，那我应该怎么办呢？”

三个人就商量起来。

放学的时候，妈妈来接牛牛，对牛牛说：“牛牛，妈妈今天跟公司请假了，后天妈妈陪你一天，陪你过感恩节。妈妈已经把所有事情都取消了，就算天塌下来也不管了，专心陪你过感恩节，好不好？”

牛牛一下子跳了起来，抱住了妈妈。

妈妈："妈妈跟你道歉，去年妈妈忘记了。"

牛牛："没关系。"

妈妈："你最近这么不开心，是不是怕妈妈感恩节又不来啊？"

牛牛点点头："妈妈，我现在开心了，不担心了。"

看着母子俩开心拥抱的样子，张老师很欣慰，她知道问题的症结找到了。

一年过去了，这件事的阴影在孩子的心中竟然还是这么浓重……一个孩子，以让自己生气的方式，以让自己胡闹的方式，以让自己被责罚的方式，只是为了抹去心中那个阴影，确认心中最看重的那份爱……张老师真的好心疼。

想来这些天，为这件事情，牛牛一定纠结了很久。张老师感觉很抱歉，这段时间忙着准备活动，没有太在意，没有去细想。

张老师向牛牛道歉，牛牛说："老师，你为什么要向我道歉啊？"

张老师："老师应该提醒妈妈早点告诉你这个好消息。"

牛牛："没关系，现在告诉我也来得及。"

母子俩开开心心地回家了，张老师也很开心，还有什么比这更配得上感恩节的礼物呢？

对于孩子来说，最可怕的就是认识到、了解到、知晓到：

爸爸妈妈不爱我。

爸爸妈妈并不怎么爱我。

我不是爸爸妈妈心目中最重要的。

……

世间没有恐惧可以超过这个恐惧，也没有任何伤害可以超过这个伤害。

但是很不幸，在日常生活中，孩子们经常能意识到、确认到这样的恐惧和伤害的存在。是怎样的情景，会带给孩子这样的恐惧和伤害?

除了“有分别的爱”，哪里还有别的!

什么是“有分别的爱”?

所有认为孩子不够好的思想、观念以及由此产生的行为。

所有忽视孩子的情感情绪、意志欲望的思想、观念和行为。

所有不够尊重、理解、接纳及信任孩子的思想、观念和行为。

每一个爸爸和妈妈，都不愿意承认自己是不爱孩子的，但是很多时候，我们的行为在不知不觉中确实在伤害孩子。

真正的生命教育、心灵教育和人性教育，是一件特别精细特别艺术的工作，我们一定要小心小心再小心。

当我们的不小心、不注意、不觉察、不精细……带给了孩子伤害，孩子会怎么办?

孩子即使收到了被伤害的信息，哪怕是一而再、再而三，他们也不会轻易放弃对我们的爱和信任!

他们有的会像皮皮，自己找一个理由，欺骗一下自己，放弃对爸爸妈妈的责难和怀疑，选择自行理解和接纳我们的行为，继续等待我们的爱，继续信任我们的爱。而当我们真的给他爱、尊重、理解和信任的时候，他们会马上开心地跳起来。

他们有的会像牛牛，通过看起来种种的“非行”（所谓“不良行为”），来引起我们的注意，解决自己内心对爱的渴望，再次确认我们的爱依然在那里。而当我们给他们一个确认，他们又会开心地跳起来。

……

不管是哪一种，都是他们在索要我们的尊重、理解和信任，都是他们在索爱。

上述两种行为特征是索爱两大标志性的行为特征，一个走封闭自欺的向内路线，一个走张扬情绪的向外路线。

这样两条路走久了，一个会走向懦弱，一个会走向逆反。我想无论是哪一种都不是我们的所需所愿。

如果孩子有这样的趋势，我们一定要小心了。希望上面的分析能帮助大家从困惑中清醒过来，更好地理解孩子的行为，更多地给予孩子尊重和信任，更及时地满足孩子对爱的需求和渴望，尽快中止孩子的索爱行为。

我们真的需要好好思考一下：孩子真的有“非行”吗？

很多时候，所谓“非行”、所谓“不良行为”，只是他们对爱的渴望而已，只是他们总是得不到足够的尊重、理解和信任，总是得不到足够的爱的满足，而以一种自我扭曲、变本加厉的方式，索要自己缺失的尊重、理解和信任，索要自己缺失的爱。所谓“非行”、所谓“不良行为”，只是他们在索爱。

善言、恶言、善行、恶行、善念、恶念……一概无分别，一概要予以无分别地尊重、理解、接纳和信任。

这就是无分别的爱。

如果孩子总是处于不满足状态，总是处于对爱的缺失和渴望状态，请问：要到什么样的缺失程度，才能让孩子死了这份心，从而选择放弃索爱？或者要到多大年龄，孩子才会放弃索爱？

生命对爱的渴望，是生命最坚持、最强烈、最需要、最迫切、最持久、最与生俱来的本能。所以，只要不满足，孩子就永远不会放弃索爱，哪怕有一天，我们都不在人世，哪怕有一天，我们的孩子也进入暮年，垂垂老矣，他们都不会放弃！

让一个生命满身伤痕地长大，是这个世界最大的悲剧，是对这个世界最大的犯罪。

反过来呢？让一个孩子健康地成长，是这个世界最大的财富，是对这个世界最大的贡献。

我们可以充分看到孩子的努力，充分看到生命不懈的索爱行为，在他没有受伤，没有绝望之前，好好理解他，主动满足他，及时给予爱和信任，补偿和修复生命的伤痕……世间所有的悲剧都可以避免。

没有每个个体的健康，就没有整个社会的健康。

人类的大同社会，就是这样一点一点建设起来的。

可是很多时候，我们得不到“无分别的爱”。在“有分别的爱”的环境中，可怜的小生命，就这样渐渐长大了，就这样伤痕累累地长大了，就这样在不停地索爱却总得不到满足的过程中长大了，长成为现在的我们。

问题是我们虽然已经长大成人，但是当初的恐惧、焦虑和一直没有得到回应的索爱所积累的失败和拒绝共同形成的深深的生命伤口，依然在那里！

很多时候，因为我们自己可怜，才让我们的孩子可怜。

很多时候，因为我们自己受伤，才让我们的孩子受伤。

因为我们的可怜和受伤，我们未曾得到足够的来自父母的爱和满足，所以我们会转个身，转而向我们的孩子索要。

这是世上最荒谬的事，也是最真实的存在。

可怜和受伤的成人，会向幼小的无力的生命索爱，这可怜和受伤就这样一代一代，传承下去了。

怎么办？

从我们这一代开始，学会正确地爱，学会好好地补偿和修复生命的伤口吧。

在我们这一代，把这曾经代代传承的世间最大的悲剧，彻底终止吧。

要实现这一目标，除了爱孩子，除了和孩子的心在一起，我们更要学会爱自己，学会和自己的心在一起。

和自己的心在一起后，我们会自然明了：原来除了向他人索爱，我们还可以向自己索爱。原来这样的索爱，才是真正的唯一的索爱之道。

来看看这位妈妈的分享：

等爱的小女孩

打开电视，

无意间看到电影频道正在播《世界上最疼我的那个人去了》，

看着，看着，

眼泪就下来了。

世界上最疼我的那个人，是谁呢？

我最希望的又是谁呢？

答案是唯一的，

只能是你，我的妈妈。

你知道吗，妈妈，我为什么哭了。

我不是害怕你会离开我，

我不愿意你离开我，

因为你给我的爱，还没有给够，

给够了，才能走。

我也没有给够你我的爱，

所以离开是绝不能同意的。

明白我为什么会哭了吧。

音乐声中，我仿佛又回到了10岁的那个小女孩。

我看到了那个在3楼的家，那个我生活了很多年的家，

你和姐姐，还有我，三个人在床上躺着，
这是夏季的一个雨后，凉爽舒服。
你和姐姐东一句西一句地聊着，
我在旁边听着，羡慕地看着。
突然，你让姐姐亲一下你的脸，
可姐姐不屑地摇摇头，说："我才不亲呢！"
我看到你在笑，你再求姐姐："亲亲吧。"
这个时候，
小小的我，那个小小的我，冲到你面前，
对你说："妈妈，我来亲亲你吧。"
可是，我的妈妈，我的妈妈，
你却白了我一眼，
抛出了让我背负多年沉重包袱的一句话：
"我才不要你亲呢！"
你知道吗?
小小的我，那个小小的我，
僵在那里，脸上挂着不知所措的笑容，
我不知道该怎么办，
我真的不知道该怎么办。
然后，我退了下来，
静静地退了下来，
这一退，我就退在原地几十年，

我找不到了，我找不到你的爱了。

妈妈，虽然我现在已经很大了，

也已经做妈妈了，

可你知道吗，

我还是那个10岁的小女孩呀，

我还在那个原地，等着你，

一直等着你，等着你说：

“来吧，我亲爱的孩子，来亲亲我吧。”

我一直在等你的爱呀，

我等得好辛苦。

音乐声还在响起，

我泪如雨下，号啕大哭，

泪水和哭声中迸出的是那份埋藏了多年的情感，

它要冲出来。

恍惚之中，我看到了现在的我，

她慢慢地走到了那个10岁的小女孩面前，

拉起她的手，轻声告诉她：

不要害怕，有我陪着你。

真的不要害怕，我在这儿，

我陪着你，看得见我吗?

来，睁开你的眼睛，拿掉蒙住脸的双手，

来，来我这里，
我来拥抱你，我来给你这个亲吻。
孩子，我来给你，这个欠你很多年的亲吻。

大哭，大哭，淋漓地大哭，
哭声中有我的委屈，我的害怕，我的渴求，
和我最想要的妈妈的爱。

长大的我和10岁的我，
紧紧地拥抱在一起，紧紧地，紧紧地。
那个长大的我在拥抱那可怜的孩子，
在怜爱她的委屈、害怕和渴求，
你能原谅这一切吗？我亲爱的孩子。
我可以感觉到10岁的我的那颗心，
柔弱、惶恐、害怕、无助、委屈……
我的心可以听到10岁的我的呐喊：
妈妈，妈妈，我害怕，我怕你不爱我。
我要你的爱！妈妈，妈妈，多爱我一些吧！
有了你的爱，我就能有一切！
别松开这拥抱，千万别松开，
我要好好享受这一刻，
我等得太久了。

在这深深的拥抱中，
泪水如瓢泼大雨倾盆而下，
洗刷着我们彼此的心灵。

在痛快的大哭中，
小女孩慢慢地放松下来，
她甚至尝到了稍许的喜悦之情。
妈妈的爱，终于来了，
虽然迟到了，
但永远不晚。

如此的痛快大哭之后，
我很轻松，一种用语言无法形容的轻松。
我开始很自然地想好好生活了，
我收拾家，我做可口的饭菜，
我关心自己和家人，
我学会爱自己了。

最深刻的体会，就是我做一切事情变得自然了。
比如，收拾家和做饭对我来说，
从前是天大的难题，
总是理不出头绪，

然后一拖再拖。

现在，是想到了就去做，

没有犹豫，丝毫的犹豫。

至于做得好不好，棒不棒，

根本就没有工夫去想，

只是沉浸在做的当下之中。

回顾很神奇，真的没错。

哭声中是没有怨恨的，

留下的是轻松和力量。

你是不是也曾经或正在经历着这样的炼狱?

我们绝不想让我们的孩子长大以后，还要在泪流满面中诉说这样痛彻骨髓的心声。这是我们共同的最高心愿，这是我们现在所有努力的根本归宿。

为此让我们开始实施生命中那最高的无分别的爱。

让我们和自己的心以及孩子的心紧紧在一起。

如此，爱自然会彼此给予，彼此满足，无须索要，无须伤害，生命会自然而然地走向健康、放松、纯真和善良。即使有一天，我们不得不离开这个世界，我们的孩子想起我们的时候，他们一样会伤感，会流泪，但是同时，他们的心中会充满温暖和宁静，会充满力量和信念，仿佛我们从来没有离开过一样。

24

“胆小”的故事——向着太阳生长

小光妈妈对小光各方面发展都很不满意，尤其是小光的“胆小”，经常向张老师抱怨。

1

妈妈：“周末我带小光出去，遇见东东爸爸，让他跟人家打招呼，他就是不打，还躲到我身后，东东爸走远了，他才说了一声‘叔叔再见’。”

张老师：“你看，小光一直没有放弃努力，一直在试着跟人打招呼。东东爸爸走这么远了，他还在练习打招呼，这说明他一直惦记着这件事，一直在努力试图战胜自己，一直没有放弃。这种坚持，这种不抛弃不放弃，是不是很勇敢的行为？”

妈妈（沉吟）：“也是，张老师你说得有道理。”

张老师：“每个孩子的天赋和个性不同，但是每个孩子都是向上的，都在以自己的方式和禀赋努力向上，你一定要相信这一点。”

妈妈：“我怎么就看不到这些呢？”

张老师：“有时候我们太着急，慢一点，你就能看到事情完全相反的一面，这相反的一面往往才是真实的一面。”

妈妈：“那他怎么没什么变化？”

张老师：“真的吗？”

妈妈（沉吟）：“还是有的，以前都不爱出门，至少现在，出门没有问题了。”

张老师：“还有呢？”

妈妈：“还有？对了，不怕和小朋友玩了。”

张老师：“还有呢？”

妈妈：“家里来客人不害怕了。”

张老师：“还有呢？”

妈妈：“哦，去姥姥家愿意让小舅抱抱了，以前可不乐意了。”

张老师：“仔细静下心想想，这种变化是不是很多？”

妈妈：“真的是不少。”

张老师：“现在，你有什么想法？”

妈妈：“张老师，我很惭愧。”

2

妈妈（很愤怒）：“张老师，今天早上小光又不想来幼儿园，说××昨天抢他玩具，我好说歹说他才来。一个男孩子胆子这么小，怎么行！”

张老师：“你很生气？”

妈妈：“是啊，为这点破事就不来幼儿园。”

张老师：“假设单位有一个同事总欺负你，你愿意去上班吗？”

妈妈（沉吟）：“也是，有压力。”

张老师：“昨天孩子回家有没有跟你说什么？”

妈妈：“他倒是说××抢他玩具，我就跟他讲了讲道理。”

张老师：“你怎么讲的？”

妈妈：“我跟他说，谁抢你，你就抢谁。”

张老师：“你这是跟他讲道理，还是在给他压力？”

妈妈：“当然是讲道理了。”

张老师：“那好，假设单位有一个同事总欺负你，你跟老公抱怨，老公说那你也欺负他，你感觉呢？”

妈妈（沉吟）：“这不靠谱，要是我能欺负他，就不用跟我老公抱怨了。”

张老师：“你现在有什么想法？”

妈妈：“我还是着急，还是管不住自己，看他胆小就气不打一处来。”

张老师：“你看，孩子本来有压力，你没给解决，胡乱给人讲道理，反而给孩子更大的压力。孩子这么大压力，早上自然表示不愿意来幼儿园，被你说一顿，强迫着来了，孩子的压力不但没有卸下来，反而越来越大。我们经常这样给孩子制造和施加压力。此外，孩子在生活中、在幼儿园里每天都会遇见很多压力事件，比如被逼着打招呼、被小朋友抢了玩具等，但是面对这么多压力，孩子在大多数时间都能主动来幼儿园，说明了什么？”

妈妈（沉吟）：“说明孩子其实都挺努力，挺勇敢的。”

张老师：“是啊，其实孩子每天都在努力战胜自己，都在让自己勇敢和有力量。昨天，我看见小光课外活动时，自己一个人慢慢走到下水通道的铁栏杆上面。你要知道，这铁栏杆下面是一米多深的空洞呢，以前小光根本不敢站，连靠近它都不敢，走路总是离得远远地绕开它。昨天第一次一个人慢慢走上去，嘴里还嘟囔着，我悄悄靠近一听，原来是他在对自己说‘勇担（敢）、勇担（敢）、勇担（敢）……’”

妈妈听到这里再也忍不住，哭了起来。

哭完后，妈妈向张老师道歉：“张老师，看来我有很多问题，为什么我总是看不见孩子的努力和勇敢呢？”

张老师安慰妈妈：“不着急，慢慢来吧，这不你也有很多进步，至少最近你批评的话少了很多。”

妈妈：“咳，惭愧啊。”

3

妈妈：“昨天晚上，小光非得看《大头儿子小头爸爸》，十点了还不睡觉，怎么说他都不听，我就吓唬他……”

张老师打断了妈妈的话：“停，你说小光不听话非得看电视？”

妈妈：“是啊。”

张老师：“你觉得有什么不一样的地方吗？”

妈妈：“有什么不一样？”

张老师：“你好好想。”

妈妈（沉吟）：“噢，是不一样，以前他可乖了，不敢提出反对意见，就算提了也很容易听我们的，这回不了。”

张老师：“这说明什么？”

妈妈（激动）：“说明孩子胆大了，长大了。”

张老师：“也说明你的家庭教育更好了，他敢跟你提了。”

妈妈（不好意思）：“……”

张老师：“好，你继续说吧。”

妈妈（平静了一会儿）：“我就吓唬他，说再不听话老猫猴就来了，孩子就哭了……”

张老师：“老猫猴？”

妈妈：“老猫猴是奶奶在的时候老讲的故事，农村的老人就拿这吓唬孩子，让孩子听话。”

张老师：“那这么说，小光就是被这老猫猴吓唬大的？”

妈妈：“差不多吧。反正一说老猫猴他就特别乖，特别听话。”

张老师：“你说小光的胆小是不是因为这个原因？”

妈妈：“我没想过……”

张老师（转过话题）：“这次你又想抱怨什么？”

妈妈（不好意思地）：“我就是想抱怨他不听话。”

张老师：“现在还想抱怨吗？”

妈妈：“不了，对不起，张老师，我又没有看到孩子的进步。”

张老师：“什么进步啊？”

妈妈：“孩子敢提反对意见，说明孩子的力量又增长了。”

张老师：“好，恭喜你能认识到这一点，另外最近你的抱怨少多了。”

妈妈（不好意思）：“……”

张老师：“我有个请求，希望能得到你的配合。”

妈妈：“张老师，您说。”

张老师：“再也不要吓唬孩子，不管是老猫猴还是什么别的，永远不要吓唬孩子，好不好？”

妈妈：“好。吓唬是不是对孩子特别不好？”

张老师：“特别特别不好！吓唬带来的恐惧，会把孩子本有的强大力量都封闭起来。而一个力量不够的生命，生长就会很缓慢。”

妈妈：“我知道了，谢谢张老师。”

第二天，美术课的时候，张老师对孩子们说：“今天，我们要画一个很神秘的动物，叫老猫猴。它呀，住在一个很大的森林里，很神秘，谁也没有见过它，谁也不知道它长什么模样。村里的老奶奶们总是拿老猫猴来吓唬小孙子们，说不听话就让老猫猴来抓他们。这老猫猴到底什么样子呢？今天，我们要把它画出来，你们觉得老猫猴是什

么样子，就画成什么样子。”

孩子们都很开心，只是小光有点害怕，但是大家都在画，小光也就跟着画了起来。孩子们画出了各种各样的老猫猴，有像马的，有像老虎的，有像四不像的，有乱七八糟什么都不像的……画完了以后，张老师让大家互相交流，热烈讨论，大家都很开心，不知什么时候，张老师发现小光也变开心了。

接下来，张老师让大家开始打扮老猫猴，先给它画衣服，画发型，再给它的脸涂色化妆等，孩子们开心得不得了。张老师还让大家每人对老猫猴说几句话，说什么的都有，孩子们语不惊人死不休，常常引得哄堂大笑，小光更是乐得前仰后合。课程结束时，每个人手里都举着一个人不人鬼不鬼的老猫猴画像，张老师问大家："奶奶拿这个吓唬你们，你们觉得，世界上真有这种东西吗？"孩子们异口同声："没有！"其中数小光的声音最响亮。

这堂课过后，张老师感觉小光一下子改变了很多，短短时间内像换了一个人。妈妈很惊喜，问张老师是怎么回事，张老师就把这堂课简单说了说，妈妈很感慨。

妈妈："谢谢张老师，你们的理念太好了。"

张老师："不是'你们'的理念，是'我们'的理念，没有你我共同的努力，光靠我们老师，肯定不行。"

妈妈："是啊，我们这些做父母的，也得好好努力。不过这回好了，有盼头了。"

张老师："教育是长久的事，不能松懈，孩子这么小，一切才刚刚开始，我们一定要长期这样坚持下去，才能真正帮助孩子健康成长。"

一阴一阳之谓道，世上万事万物，阴中有阳，阳中有阴。这跟教育有什么关系吗?

宇宙最根本的智慧，自然也是生命、教育最根本的智慧。这个世间阴阳并存的法则，是在清晰明确地告诉我们：世界上，没有绝对的阴。世界上，处处都是阳，处处都存在阳光，都有阳光在闪耀。

任何时候，哪怕是看起来非常绝望的时候，我们的孩子都在努力，都在闪耀光芒，都值得欣赏和赞美，值得尊重、理解和信任。

我们的孩子如此，难道我们自己不是如此吗！

这就是人性的光辉所在，这就是生命的高贵所在。

这就是生命教育、心灵教育、人性教育最看重的生命成长的阳面法则。

每一个生命，不管在当下看起来是怎样的一种状态和境界，它都在努力，都在向善，都在向上，都值得欣赏和赞美，值得尊重、理解和信任。

我们的孩子如此，我们自己也是如此，没有分别。

这既是无分别的爱，也是阳面法则。

然而在日常生活中，我们常用的却往往是阴面法则。我们很难看到孩子的努力和光芒，或者虽然看到了，但觉得是应该的，没有什么大不了，然后继续把我们大部分的努力，用于挑剔孩子、怀疑孩子、打击孩子、诋毁孩子……

真正的教育其实很简单，就是“心想事成”的吸引力法则；当我们真正做到尊重、理解和信任孩子的时候，我们的孩子会越来越有力量，越来越值得我们尊重、理解和信任；当我们真正学会赞美和欣赏孩子，我们的孩子会越来越发出光华，越来越值得我们赞美和欣赏；当我们一心看到孩子的努力和向善，即时反馈给他们，他们会越来越有力量去努力和向善。

这就是阳面法则，这就是“无分别的爱”。

当然，反过来也一样，当我们不尊重、不理解和不信任孩子，我们的孩子就会缺失力量和信念，就会很容易让我们失望；当我们做不到赞美和欣赏孩子，我们的孩子就会很容易失落，很容易黯淡无光；当我们总看到孩子的“偷懒”和“学坏”，即时反馈给他们，他们就会接受这负面标签，一辈子活在阴影中，纠结痛苦，无力挣脱。

这就是阴面法则，这就是“有分别的爱”。

只是，在现实生活中，我们为什么总选择运用阴面法则，总选择看到事物的阴暗面，选择阴面的心想事成，而不是选择阳面法则，选择看到事物的积极面和阳光面，选择阳面的心想事成呢？

问题究竟出在哪里？

因为我们是伴随怀疑、指责、否定、吓唬成长的孩子，我们是力量被封闭、力量严重缺乏的孩子，我们从小得到的赞美、欣赏、尊重、理解和信任太少太少，我们得到的“无分别的爱”太少太少……导致现在的我们内心力量极度缺失，安全感极度不足。而没有力量、没有安全感的我们，内心处于阴面的我们，自然看到和吸引到的都是阴面。

看到他人的努力、不容易，他人的值得尊重、理解和信任，是生命最高贵的能力，需要内心强大无比的阳面力量作支撑。而我们现在的力量如此不足，怎么办？

其实一直以来，我们很努力，努力地运用阴面法则，努力地挑剔、指责、批评、纠正孩子，比起尊重、理解、接纳和信任孩子，比起运用阳面法则来累多了。只是更累，结果却也更糟，这真是世上最大的悲剧。

有一次，小光妈妈向我抱怨：“林老师，你看小光怎么跟×××差这么远呢？”

我回应她：“拿你跟杨澜比呢？”

小光妈妈不说话了，看得出来，她很羞愧。

我们总拿自己孩子跟别家孩子比，比得自己孩子的力量越来越缺乏，光芒越来越微弱，问题是：我们的孩子拿我们跟别家的爸爸妈妈比吗?

如果实在要比，纯真的孩子们，比的也是谁的爸妈更温柔，更会笑，对他们更好……他们从来不像我们那样对比。

看看孩子们比的是什么（如果有的话），我们比的又是什么（这是一定有的），我们确实应该羞愧。

孩子们关心的（要的）是什么?

爱、尊重、理解、信任、宽容、温柔、自由……

我们关心的（要的）又是什么?

行为、成绩、能力、结果、相貌、智商、才艺……

孩子关注的主要是内在无形的精神本质，主旨是爱，而我们关注的主要是外在有形的行为现象，主旨是能力。显然，这个小生命远比我们要接近生命的本真态。可以说在精神领域，孩子是我们无可置疑的导师。所以，向我们的精神导师——我们的孩子，好好学习吧。

真正的生命教育、心灵教育、人性教育很简单，就是好好向孩子学习，向孩子纯洁无瑕的无限接近生命本真态的心灵（纯阳之心）学习，这样就OK了。

好好维护这颗纯阳之心，不要去破坏它，就是最好的教育。

让我们的努力，向内走，向着精神的本质前进，向着太阳生长，不要总是向外跑，向外要，向着灰暗滑落。

从我们的孩子那里，汲取真正的力量和智慧。

唯有此，我们才能认识到孩子对于我们本身生命无上的价值和意义，我们才能接收到上苍给予我们真正的礼物。

唯有此，我们才能转阴为阳，转受伤为健康，转虚弱为强大。

只是，很多父母拒绝接受这样的礼物，拒绝承认孩子是我们的导师，拒绝思索这样的问题（更遑论行动）。他们认为，孩子什么都不懂，什么都不知道，什么都不会……那么，自然而然，他们会本能地选择鄙视孩子，就像小光妈妈曾经的样子。

不要鄙视我们的孩子，就像他们从来就不曾鄙视我们一样。

没有一个孩子，会因为我们的官不够大，而选择鄙视我们。而我们，总是因为孩子的成绩不够出色，而选择鄙视他们。

没有一个孩子，会因为我们的钱不够多，而选择鄙视我们。而我们，总是因为孩子的能力不够出众，而选择鄙视他们。

没有一个孩子，会因为我们的名不够响，而选择鄙视我们。而我们，总是因为孩子的竞争不够卓越，而选择鄙视他们。

没有一个孩子，会因为我们的貌不够俊，而选择鄙视我们。而我们，总是因为孩子的努力不够出彩，而选择鄙视他们。

恰恰相反，不管我们的官、钱、名、貌如何，不管我们的成绩、能力、竞争、努力如何，孩子对我们的爱，一概无别。

这就是无分别的爱。

这就是生命之阳。

而我们的爱，跟官、钱、名、貌如何，跟成绩、能力、竞争、努力如何，却总是息息相关，有分别的。

这就是有分别的爱。

这就是生命之阴。

孩子的心灵，孩子无分别的爱，关注的是内在，关注的是人类的精神本质，而我们的心灵，我们有分别的爱，追逐的又是什么?

如果我们总是这样，有一天，孩子会醒悟，会反击我们。

当你说你的孩子怎么不像×××，有一天，他们会回击：你怎么不像×××的爸；当你说你的孩子怎么连谁都不如，有一天，他们会回击：你怎么连谁的爸都不如；当你说你的孩子怎么连这都不会，有一天，他们会回击：你怎么连那个都不懂；当你说你的孩子怎么这么没出息，有一天，他们会回击：你怎么会混成这个样子?

……

一阴一阳之谓道，生命之阳，就这样渐渐地演变成了生命之阴。世间最大的伤害、破坏和悲剧，莫过于此。

还是不要让这样的事情发生吧。虽然，从根本层面而言，这样的事情也不是什么坏事情。它只不过是在以残酷的事实提醒我们：一定是哪里错了。

唯一有用的，就是让我们自己开始改变，走上生命成长的芬芳花径。

让我们开始目光朝内，开始追求内在精神的康复和完美，开始信奉爱、尊重、理解和信任生命。

让我们向我们的精神导师，我们的孩子，学习无分别的爱。

25

iPad的故事——放开“心的限制”

一天，小乐妈来找我，跟我说起小乐最近玩iPad很痴迷，问我该怎么办。小乐妈妈系统参加过我开办的初级父母课程培训，所以我没有给她答案，让她去复习听课笔记，自己去找答案。我跟她说，答案早就给你们了，其实你们也都知道，只是还是有点依赖心理，是不是？小乐妈笑了，说“林老师我知道了”。我让她把整个过程写篇简单的心得，她同意了。

一个月后，小乐妈妈交给我她的心得记录：

一个多月前，小乐舅舅送了他一个iPad学习用，但是我看到孩子基本都在玩里面的游戏，而且在短短几周之内把什么愤怒小鸟和僵尸都打通了。

当时，我和老公很担心，很想去限制孩子，想给他定规矩。但是，直觉告诉我这样做不大妥当，毕竟，林老师两天的父母初级课程也不是白上的。我心里还是有点没底，就去找林老师，果不其然，林老师让我自己好好复习功课，好好反省。

回来我就翻笔记，做反省，想通了很多。具体的理论和技巧，林老师早就告诉了我们，但是我想最重要的还是林老师的这句："和心对话，和自己的心对话，和孩子的心对话。"

也就是林老师经常告诉我们的家庭教育的关键：心和心在一起。

合上笔记，我问自己，跟自己的心沟通：

iPad好玩吗？好玩。

如果换作是我，会去玩吗？我也会，经常趁孩子不在家的时候玩。

上瘾了吗？没有。

什么时候特别想玩？有人跟我抢着玩的时候。

对孩子的担心是什么？怕他上瘾伤身体。

孩子真的所有时间都在玩iPad吗？没有，他还是要我给他每天讲故事，要我经常带他去户外玩。

沟通到这里，我知道我不担心了，我相信孩子和我一样，对新事物的感受是一时新鲜而已。

我理解孩子，就放下了，纠结没有了，家庭气氛也就重新好了起来。

这就是和心在一起吧，真的好神奇。

接下来，没有了纠结，我就能很自然很平静地看着孩子玩iPad，不给他任何限制，最多看他玩的时间长了，提醒他暂停一下，让眼睛休息休息。这样的时候也很少，我发现绝大多数时候，孩子会自行调节，生命真是很神奇。

慢慢地我发现，孩子不光是玩游戏了，他发现iPad还有很多用处，可以听故事、听音乐、画画、做智力题等，除了游戏，他开始接触别的了。

有一天晚上临睡前，我发现孩子一天都没有玩iPad，看来这东西对他来说，已经渐渐地可有可无了。

最近的情况是，孩子经常把iPad随手放在一边，好几天都想不起来玩，甚至有时是我想玩了，他才会探身和我一起玩玩。

现在，他经常自己不知道iPad放哪了，也不想去找，因为生活中好玩的东西太多了。

另外，我发现他和幼儿园那些迷电子游戏的孩子们可以随时接过话题来聊游戏中的很多人物，他的交际面广了不少。

我发现，林老师说得没错，很多时候，他玩电子游戏是为了挑战自己，满足成就感，满足伙伴间人际交往所需，更重要的是他不用通过抢夺iPad游戏权利来战胜父母。

尊重孩子，理解孩子，接纳孩子，相信孩子，孩子就能自然健康地长大。

我想这是不是和孩子的心在一起呢？

多少家庭在为孩子的游戏上瘾而烦恼，但是他们却经常只往外找原因，只往外找方法，而不往内看，不往内走。其实，真正的教育，就是要多关注内在的心灵，和心在一起，一切会变得简单而自然。我很庆幸能认识林老师。

谢谢您，林老师。

这篇心得写得很好，会帮助到很多父母，在此我代表大家谢谢她。

有很多父母问我如何看待和管理孩子的网游，每家情况不一样，我的具体意见和建议也会有所不同。但是，不管是管，还是不管，以及怎么管，都不是根本的重点。

根本的重点是什么？希望这个故事和这篇寄语，能帮助大家更好地了解到教育真正的重点，更好地帮助大家理解“无分别的爱”，理解生命教育和生命成长理念。

“无分别的爱”，说它是“方式”，其实是有问题的，应该说是“态度”更为贴切。

无分别的爱强调什么？

第一步：无分别的爱，强调孩子所有的思想、行为、态度、感受……都是正常、合理、健康的，都是好的，无分别的。这是从孩子的角度和高度来看的，也就是说，成人必须放下自我，才能感受和认识到这一点。这也是通常所说的“尊重、理解和信任”孩子。这一步叫作“无分别”。

第二步：在此基础上，接纳和帮助孩子。这一步叫作“爱”。

合起来，就叫作“无分别的爱”。

有些父母可能会担心，孩子所有的思想、行为、态度、感受……都正常、合理、健康，是不是就不需要我们的干预了？是不是就不需要教育了？自然不是。

这个问题暴露出很多问题，最大的问题就是：教育最关键的到底是第一步，还是第二步？

第一步，强调的是心态！第二步，强调的是方法！

当你真正做到了尊重、理解和信任的时候，你自然知道该怎么接纳和帮助孩子。也就是说，我们要去努力的是第一步，是尊重、理解和信任孩子，是和孩子的心在一起，教育99%的重点在这里。做到了这一步（第一步），第二步自然而然就会做到。教育的重点和难点在第一步，而不是第二步。反过来，当我们没有做到真正的尊重、理解和信任（第一步），我们和孩子的心不在一起，即使方法（第二步）是对的，作用也不会特别大，在大多数情况下，只会适得其反。教育真正的智慧和艺术，真正的核心，真正的重点和难点在第一步。第一步有了，第二步自然就有了。反过来，只是追求第二步，只怕会事倍功半，动辄得咎，适得其反。

怎样才能做到这第一步，做到真正的尊重、理解和信任？这就是我强调的：和心在一起，和自己的心在一起，和孩子的心在一起。心在哪里比方法在哪里重要百倍。

真正的人际相处，真正的教育，真正的安全感的满足，在心，在第一步，而不在具体的语言和方法，不在第二步。心到了，方法自然就到了。

真正的方法是什么？

一个眼神、一个微笑、一个小动作、一个放松的姿态……乃至一个批评、一个提醒、一个不满、一个严肃的表情……统统都是方法，概无分别。

那么怎么管理孩子的游戏呢？当我们和孩子的心在一起，当孩子需要接纳和帮助，一个眼神、一个微笑、一个小动作、一个放松的姿态……一切就OK了。当孩子需要限制和配合（同样也是“接纳和帮助”，只是接纳和帮助的另外一种形式而已），一个批评、一个提醒、一个不满、一个严肃的表情、一句坚定而温柔的话语……一切就OK了。

为什么会这样神奇？

因为，当我们和孩子的心在一起，彼此之间会建立起深厚的信任关系，彼此之间的心门是敞开的，彼此之间能认同和接受对方的善意及举措……所以，一切就是这样水到渠成，自然而然。很多时候，根本无须规则，更无须情绪介入。

这样养育氛围的家庭，孩子对游戏的迷恋更容易过去。

现在要来说说（网络）游戏了。

现实的游戏也好，网络的游戏也好，都能满足孩子的安全感，建议大家的分别心不要太大。孩子通过网络游戏，怎么满足自己的安全感呢？

1. 挑战自己，满足成就感。

2. 满足伙伴间人际交往所需。

3. 通过抢夺游戏权利来战胜父母。

这三个原因都非常重要，在我个人看来，是孩子玩网游上瘾最核心的原因。

那么，也就很清楚了，为什么在“无分别的爱”的家庭中，孩子对游戏的沉迷，会少得多，会很容易过去?

1．首先，因为父母的心和孩子的心在一起，孩子日常生活中，到处都是好玩的事情，到处都是成功，都是爱、自由和满足，安全感（成就感）满足很充分。故此，不必执着于网游。

2. 同样，因为从父母那里获得了充分的尊重、理解和信任，他的心量很大，和伙伴们之间人际交往的渠道和方式也很多。同样，由于父母的支持永远在，他也无须过多依赖伙伴的支持系统。故此，不必执着于网游。

3. 在“无分别的爱”的教育中，孩子总是赢家（当然父母也是赢家），他无须去玩“战胜父母”的游戏。故此，不必执着于网游。

对生长在“无分别的爱”的教育环境中的孩子而言，网络游戏只是普天下无数好玩的事物中的一个，它跟出去吃饭、出门旅游、去小朋友家玩、去姥姥家、去游乐园……这些好玩的事情完全一样，是同一个性质的。当游戏符合孩子的胃口，孩子自然会喜欢玩，但并不会上瘾。就像孩子爱去姥姥家，并不意味着就不爱回自己家。对他来说，游戏只是人世间千万种美好事物中的一种，何来上瘾之说?

反过来呢？当现实生活的限制太多，乐趣太少，太无聊，太压抑，当孩子生活在严重的“有分别的爱”的环境中，网络游戏不知不觉中成为孩子安全感的主要来源，你想要孩子不上瘾，难得很!

1．首先，因为父母总是不尊重、不理解和不信任孩子，给孩子的否定和压力过多，在日常现实生活中，孩子得到的安全感（成就感）严重不足，孩子就会去网络世界寻找满足。故此，必然执着于网游。

2. 同样，因为从父母那里获得了充分的不尊重、不理解和不信任，他的心量很小，人际交往时往往不会特别受小伙伴欢迎。由于父母的缺位，小伙伴对他来说尤为重要，所以，他急切需要通过网游的话题来加入朋友圈，获得伙伴的支持和认同。故此，必然执着于网游。

3. 在“有分别的爱”的教育环境中，孩子经常输（当然父母也是100%的输家），他迫切需要“赢”来满足自己，他需要去玩大量“战胜父母”的游戏。故此，必然执着于网游。

当家庭教育是“无分别的爱”，当父母给予孩子的爱和满足很充分，网络游戏就是一个很平常的事物，是千万件可以满足孩子安全感的普通事物中的一件，根本无须紧张。

当家庭教育是“有分别的爱”，当父母给予孩子的爱和满足很缺乏，网络游戏的地位就会大幅提高，往往会成为孩子的精神伴侣，孩子就必然会依赖上网络游戏。这个时候，你对网络游戏紧张，同样没有用，因为，根源不是网游。并且你要小心，你越紧张，越伤害孩子的安全感，越增加他对网游的依赖。

所以，网游从来都不是问题。真正的关键，真正的问题，在哪里?

说到这里，大家可能会发现，我从头到尾没有对网游本身进行批评，因为这样做价值和意义不大，反而很容易导致大家往外找原因，而不找自身的原因。反过来，当我们向内看的时候，当我们把自己做好，当我们把自己的心放正，我们会更多地看到游戏积极的一面，它并不是我们想象中的洪水猛兽，它和世间万物完全平等无别。奇妙的是，你越这样看世界，你看到这个世界积极的一面就越多，你得到的积极的结果就越多。

上面的三个原因，我想第三个原因，可能是对很多家庭而言比较困惑、难于理解的。其实，本书在多个故事中，都讲到了这一点。

当你家里的规则过多，当你对孩子的限制过多（当然你一定是打着“为孩子好”的旗帜），当你在日常生活中，总是让你的孩子“输”（通过所谓讲道理、定规则、唠叨、批评、指责、威胁、愤怒、情绪乃至辅以武力），那么孩子看似在玩网络游戏，其实孩子真正玩的是什么游戏?

有一次，我带女儿看病去，一个七八岁的孩子在玩iPad，玩得不亦乐乎，妈妈在旁边不停地嚷“别玩了，别玩了，别玩了……”，孩子也不理会。等病看完要走了（他们在等亲戚家孩子看病，等了1个多小时，也就是说，这孩子玩iPad玩了1个多小时），妈妈二话不说，一把抢过孩子手中的iPad就走。我盯着这个孩子，想看看他会有什么反应。

你们猜，孩子有什么反应?

这孩子一点反应都没有！没有一点不高兴的反应！反而是非常平静自然地跟着妈妈走了。

为什么？为什么会这样（反应）?

如果孩子对游戏很上瘾，正过关呢，被妈妈这样一把抢走，孩子会没有反应?

我想，也许只有一个解释更为合理：孩子玩的是“抢iPad”的游戏，他已经赢了1个多小时，差不多也够了，游戏结束就结束吧。

所以，孩子玩的是什么游戏？玩的是“战胜父母”的游戏！

如果还是难以理解，就问问我们自己，我们有多少行为，玩的是“战胜父母”的游戏?

什么出人头地，什么光宗耀祖，什么我必须如何如何，什么我要怎样怎样……问问我们自己：我们有多少想干的事情，我们有多少不想干的事情，都是源于内心深处“战胜父母”的渴望。

人世间这样的事情，实在是太多了。我们何尝意识到这一点，我们何尝了解这一点?

我们很少跟自己的心做深入的沟通，故此我们对自己真实的心灵世界一无所知；我们很少去跟孩子的心做深入的沟通，故此我们对孩子真实的心灵世界，同样所知甚少。

而真正的生命教育、心灵教育和人性教育，是需要我们和自己的心，和孩子的心，经常性地深入沟通。

显然很多时候，不是我们不努力，而是我们的努力选错了方向。

当我们真正放下自我，当我们真正做到“无分别的爱”，我们又何必去限制孩子的游戏呢！游戏跟看电影、吃好吃的、去外面玩、去姥姥家、去游乐园一样，是人世间无数好玩事情中的一种，仅此而已。管它干吗？根本就不需要你费劲费神！

在我家，游戏实在没有什么可管可说的，规则很多时候没有丝毫价值和意义。

从这个角度来说，“游戏”无须管理，真正需要管理的是我们自己的心，是我们狂野、纷乱、纠结、恐惧、不安、焦虑、庞大的自我心。

反过来，当我们没有这样去努力，从心入手来严格要求自己——从彼此的心在哪里入手，从努力理解孩子入手，从学习“尊重、理解和信任”入手，从放下自我入手，从每一个眼神、表情、姿态对孩子的接纳和满足入手，从时时刻刻哪怕是最微小的一个动作都在给孩子安全感的满足入手——而只是为了省劲学着“无分别的爱”外在的所谓“不管”，就是走向了另一个极端。

曾看到一句话：父母放松的心就是孩子的天堂。而很多父母以为放松就是什么都不管，就是放纵，自然又是大错特错。

真正的教育是严格要求自己，严格“知”自己，严格要求自己放下自我，理解人性，处处尊重、理解、信任孩子，时时给孩子安全感的满足，而不是总去“管教”别人。

和孩子一起成长吧。

如果你意识到之前给孩子的安全感很不够（问题是：又有多少父母会意识到这一点，会承认这一点呢？我的经验是：很少很少，很难很难），如果你决定放手给予孩子充分的安全感，更重要的是，你决定和孩子的心在一起，那么最好的方式就是你和孩子共同成长，一步一步来，对孩子的放开一步一步来，对自己的严格也一步一步来。

但问题是：当你之前对孩子的限制和要求过多，当你开始放手的时候，由于孩子对你的不信任，孩子生怕失去来之不易的权利和机会就会变本加厉，生活看上去一团糟，你能接纳吗?

我的经验是：孩子越大会越难以收拾。

更重要的是，当生活暂时看上去一团糟，你的心还在那里吗? 不要说所有人，家里有一个人反对，你的心还会在那里吗?

请父母根据自己的心量、力量、智慧，以及家庭、学校，还有其他重要环境的氛围和状态，自行把握节奏和进程。建议大家不要“一步放开”，尤其是虽然你的心到了，但是周边有很多杂音（来自家庭或学校的不同意见）的时候，慢慢来，会减少阻力。有父母一步到位放开成功的，但都是环境阻力不大且信念特别坚定的，对于环境阻力大的，或者内心信念不是特别坚定和强大的父母，慢慢来，控制好节奏和进程，允许孩子、自己和他人，一起慢慢改变，慢慢成长。

因为，无分别的爱，自然包括你自己以及反对你的人。

当你的心远没有准备好的时候，更需要谨慎。比方说，你还是将信将疑，怀疑的成分还很多，然后你决定放开，但是每次你看孩子玩iPad的眼神，都像是要“杀”了他，充满焦虑和不安，那么孩子就会知道，玩iPad的机会太来之不易了，说不定过一会儿就没有了，孩子就会疯狂“珍惜”这个机会，就会“天下大乱”。也就是说，你只是表面放开了，而没有放开你的心，这样只会适得其反。另外，生活中的其他方面的限制以及不尊重、不理解、不信任孩子的情况还是很多的话，你就一定要注意了，你要做的功课，绝对不只是iPad，慢慢来，一步一步来。

关键是放“心”，全面放“心”，全面放开“心的限制”，而不仅仅是放下“外在的行为”，不仅仅是放下“游戏”。

最后，提醒大家三点。

第一，把“网游”改一下名字，改成“零食”“饮食”“电视”“脏话”“胆小”“暴力”“情绪”“沟通”“人际合作”……改成任何一个你所担心的孩子行为现象的名词，本篇的原则和方法都同样适用。生命教育理念和生命成长理念是超越现象限制的。因为它只讲人性不易的法则，只讲生命根本的智慧。

第二，进一步而言，生命教育理念和生命成长理念是超越年龄限制的。不管孩子多大，不管故事中孩子的年龄与你孩子的年龄是否相当，所阐释的教育和成长的智慧与法则，都同样适用。所以，请不要在意孩子的年龄差异，请静下心来细细阅读，思索感悟，那么这本书一定会有效帮助到你，明悟教育和成长之道。

第三，更进一步，生命教育理念和生命成长理念是超越身份限制的。如果你在阅读的时候，愿意有意识地把主语、把爱的对象从孩子改为“老公”“老婆”“媳妇”“婆婆”“朋友”“同事”乃至“陌生人”“敌人”“仇人”……则一定会帮助你通透地明悟人性，明悟人生，明悟成人之道。

26

静心的故事——掌控自己的身心

1

在大型玩具区，孩子们最爱玩滑梯，当老师们站好位，宣布好规则后，孩子们立即兴奋地开始了活动。丁老师微笑着，看着孩子们玩耍，同时密切关注着孩子们的安全。忽然，她看到宝宝在滑梯口用力地推前面的小秀，这样很危险。丁老师一下子紧张了，急速跑过去，阻止了她们。没有想到小秀温柔地转过身，弯下腰面对着丁老师，极其淡定地说："丁老师，你紧张了吧！你忘记了静心！抱抱自己吧！"

丁老师好意外啊，才两岁多的孩子，就能如此静心，丁老师很吃惊也很感动。在小秀的帮助下，丁老师立刻放下了自己的紧张，同样温柔地回应了小秀，说出了自己的感受："是啊，我很担心，好紧张你的安全，你愿意帮我的忙，保护好自己和伙伴的安全吗？”小秀点点头。

没过五分钟，由于前面排队等待玩滑梯的小朋友很多，小咪着急了，直接上手推前面的小朋友，试图通过这样的方式更快地玩滑梯。小秀看到后，伸出右手充当小警察指挥起了交通，告诉小咪：“你着急了吧！请练习静心，保护好自己和伙伴的安全，耐心等待。”小咪听到这句话后，停顿了一会儿，说：“我现在很想玩，可以让给我吗？”沉默了几秒钟后，几乎所有小朋友异口同声地说“好”，然后让开一条路，让着急的小咪先玩。

就在这样平静的氛围中，就在这样静心的护佑中，安全问题很多时候就真的不再是问题了。

2

小丫家里有一台压面机，有一天，奶奶在家做面条，面和得太硬，总是压不出来，奶奶在那里压啊压，突然间生气了，把面一摔。小丫听见了，从客厅跑过来说：“奶奶，现在你要练习静心！练习静心，你就会做好每一件事情的！”

奶奶很惊讶，说：“这么小的孩子能说出这样的话来！也是，我脾气有点急躁了，再加点水吧。”奶奶又和了一会儿，小丫说：“我看着你吧。”然后，小丫就在那一直陪着奶奶把面条压好。

有一次爸爸开着车，还和丫丫玩，结果手“没轻没重”地拍了小丫一下。小丫很疼，对妈妈说：“爸爸打我了。”妈妈没说话，爸爸也没说话，大家都安静了一会儿，小丫又说：“我再也不理爸爸了，我生气了。”妈妈回应她：“是吗？”又安静了一会儿，小丫说：“不对，我得练习静心。”然后就自己好好安静了一会儿。

过了一会儿，小丫说：“爸爸，我原谅你了，不生气了。”爸爸赶紧说：“小丫，爸爸特别喜欢你，爸爸爱你，刚才爸爸不小心手重了，对不起。”小丫说：“没关系，爸爸，我原谅你了，我也爱你。”说完，小丫还俯过身去亲了爸爸一下，以示她的爱和原谅。

在多次经历小丫的“静心”后，妈妈说：“孩子都能想到要静心，我们大人更应该做到。”于是在小丫带领下，爸爸妈妈、爷爷奶奶全家人都开始练习静心了。

有一天，小丫看了很长时间的《喜羊羊与灰太狼》，妈妈让小丫注意休息，小丫竟然说：“我恨妈妈！我讨厌妈妈！”看着局面很尴尬，爸爸就去跟小丫说，结果小丫喊：“我恨爸爸！我讨厌爸爸！”没办法，奶奶也加入了，劝说小丫，小丫又喊：“我恨奶奶！我讨厌奶奶！”

妈妈实在没有办法“无分别”，控制不住发火了，对着小丫大吼大叫：“你怎么能这么说话？你知不知道这样子对你的眼睛非常不好？别人要这样对你说话你开心吗？你……你……你……”

爸爸立刻跑了过来，对妈妈做了个“stop”的手势，笑着说：“静心！静心！静心！”妈妈立刻冷静了下来，意识到自己做了一件多么荒唐的事情。妈妈对小丫说：“对不起，妈妈刚才忘记了静心。”小丫说：“没关系，我也忘记了，我们一起静心吧。”于是，大家就都安静下来，各忙各的事去了。

几分钟后，小丫说："妈妈，我现在不想看《喜羊羊和灰太狼》了，我要休息一会儿，休息一会儿再说。"

这是一个卓越的家庭。其实，让孩子学会静心是相对容易的。从精神能力的角度看，很多时候孩子是我们的老师，相对而言，成人重视并学会静心更不容易。这位妈妈了不起，这个家庭了不起。

什么是静心?

简单来说，所谓"静心"，就是引导孩子看到自己的紧张，用恰当的方式和自己的紧张沟通，达至身心的宁静与平和。

静心课程的形式灵活多变，不拘一格，除了有专门练习静心的课程和时间，更为重要的，也是静心课程真正的灵魂：日常生活中随时随地应用。

真正的生命教育智慧、心灵教育智慧以及人性教育智慧，都讲究随时随地，时时刻刻。这是生命教育、心灵教育和人性教育所传承的最高智慧的最根本的特点。

自然这是很不容易的，最大的挑战是对老师的挑战，因为它不是教几堂课这么简单的事情，而是随时随地地清醒和反省。所以老师必须要养成静心的习惯，才能帮助孩子养成静心的习惯。也就是说，教育者必须走上生命成长之路。

真正的教育都是以身作则！以身示范，互相影响。我们从这里可以再次见到生命教育、心灵教育、人性教育和主流传统教育间的一个很大不同。这就是，生命教育、心灵教育和人性教育的从业者，必须走上生命成长之路，成为自身心灵的老师。他们除了要与传统的老师一样，成为技能和知识的掌握者以外，还需要成为自身心灵的掌控者。这自然不容易，只是这自然也万分值得，这是生命应有的前行道路。

也许你会说，这么难，有必要吗？为什么要设置这样的课程？为什么要设置这样高标准严要求的课程？或者说，设置这样课程的目标，到底是什么？

在孩子的生命遭遇失败、挫折、伤害乃至灾难的时候，哪怕周围没有一个人可以帮到他，理解他，但是他自己可以！他可以运用这项绝世的武功，可以施展这护佑身心的超级大利器，来理解自己、保护自己、接纳自己、发展自己，护佑自己的身心，安然度过人生的坎坎坷坷、风风雨雨，把人生的坎坎坷坷、风风雨雨，化为自身生命成长的珍贵资粮。

这就是在幼儿阶段设置静心课程的根本初衷、价值和意义所在。我们不奢望在幼儿阶段，孩子们就能彻底掌握这绝世的大利器，但是至少，在他们的生命中，可以扎下这深深的智慧之根，有朝一日，自会发芽、生长、开花、结果……

我们当知，真正的生命教育、心灵教育和人性教育，除了给孩子们创设出“无分别的爱”的生长环境，除了让他们在和谐的环境中、在相对被动的满足中生长出力量和智慧，还有更加重要的一面，就是要教会他们：在“有分别的爱”的环境里，在不怎么和谐的环境里，积极主动地掌控自己的身心，成长自己的身心，成长自己的力量和智慧。

因为这个世界不是真空的，好坏齐聚，善恶混流，美丑结合，真假相应……不管是好还是坏，是善还是恶，是美还是丑，是真还是假……一概无别，都是生命成长的最好资粮。

如果生命只能在美好中生长，在丑恶中凋零，这样的生命是无力的生命，是苍白的生命，这样的生命不是心灵强大的、能承担未来时代使命的新生命。

所以，真正的生命教育、心灵教育和人性教育，除了创设“无分别的爱”的教育环境，除了相对被动地满足孩子的安全感，还必须传授孩子主动应对“有分别的爱”的教育环境、主动掌控自己的情绪情感的方法和能力，还必须传授孩子主动满足自己安全感、唤醒自己价值感的力量和智慧。

静心的方法和能力，就是帮助孩子主动应对外在环境、主动掌控自己身心的超级武器。这就是我们为什么要在幼儿阶段开设静心课程的良苦用心。

父母们，我们掌握这样的超级武器，只是为了不管外界环境怎么变幻，内心的宁静、安详始终如一。

根本上，静心是真正的追求幸福之道。

外界环境无论是顺畅还是波折，成功还是失败，美好还是丑陋，真诚还是虚假……内心一概无别，始终是宁静致远、安详自在。这就是无分别的爱。

这是生命教育、心灵教育、人性教育的根本旨归。

我们每个人都要问自己一个至关重要的问题：生命的幸福之道究

竟在哪里?

知识?学历?专业?地位?权势?金钱?名声……

是的，这些都很重要，但这些，更接近生存之道，而不是幸福之道。因为生存之道讲究的是对物质的掌控能力，而幸福之道讲究的是对心灵的掌控能力。

也许我们需要，我们也必须走生存之道，但是我们更需要慢慢地走上幸福之道。只是显然，现在的主流“教育”都以传授生存之道为主，而生命教育、心灵教育和人性教育则主要传授生命的幸福之道。

什么是幸福之道?

爱自己、爱他人的能力，爱的能力。首先，学会爱孩子；其次，学会爱自己；最终，学会爱他人。从易到难，一步一步来。

尊重、理解、信任自己和其他生命的能力。首先，学会尊重、理解和信任孩子；其次，学会尊重、理解和信任自己；最终，学会尊重、理解和信任他人。从易到难，一步一步来。

和心在一起的能力。首先，和孩子的心在一起；其次，和自己的心在一起；最终，和所有人的心在一起。从易到难，一步一步来。

这就是幸福之道的核心，也是生命教育、心灵教育、人性教育唯一的真正核心。

走上幸福之道后，我们会发现，其实生存之道并不难，比较容易实现。反过来呢，我们经常以为追求生存之道会自然带给我们幸福，但是生活的真实告诉我们，绝大多数时候并非如此。我们发现，最终决定我们幸福的，除了我们的心，还是我们的心。

27

醉酒的故事——学会好好爱自己

1

我们每天有20分钟的经典诵读时间，今天的内容是《弟子规》，孩子们在教室齐声诵读："年方少，勿饮酒，饮酒醉，醉为丑……"

第二天早上，渺渺的爸爸来找马老师，对她说："马老师，我答应渺渺再也不喝酒了。"

马老师问："发生了什么事？"

渺渺爸爸："昨天我在家喝了瓶二锅头，渺渺就说，我们马老师说，饮酒醉，醉为丑。我想教育得以身作则，就答应渺渺以后爸爸不喝酒了。渺渺说，你要当马老师面说。这不，我今天特地赶过来。"

马老师夸渺渺爸爸："真是一个好爸爸，来渺渺，跟爸爸抱一个，夸夸爸爸。”

渺渺给了爸爸一个大拥抱，说：“爸爸乖，爸爸不喝酒，让马老师奖励你糖吃。”

大家哄堂大笑。

2

有一天，皓皓的爸爸来跟我说：“林老师，昨天听了您的讲座，很受触动，回去就把我的两个孩子叫到跟前，向他们承认错误。我越说越觉得自己很多地方做得不对，心里很愧疚，说得自己都低下头哭了。也不知道说了多久，我抬起头问两个孩子：‘你们愿意原谅爸爸吗？’他们大眼瞪小眼地点点头，异口同声地问：‘爸爸，你喝醉了吧？’”

3

有一次幼儿园开家长会，敏敏爸爸满脸通红地进来了，一看就知道喝了不少酒。家长会开到半截，听见下面呼噜声响了起来，一看，是敏敏爸爸在下面睡着了，大家就偷偷笑。

我说：“大家别笑啊。我们都很辛苦，为了养家糊口，为了孩子有个好教育，为了自己和家人的幸福生活，都在拼命打拼。每天都有很多应酬、很多加班、很多奔波，经常筋疲力竭，但就算是这样，就算再忙再累，哪怕是不得不应酬喝多了，孩子的家长会也一定不错过，一定要赶过来。这是多好的家长，多好的精神。来，让我们轻轻给自己一个掌声，给我们的父母一个掌声。”

下面父母们的表情都变得有点凝重了，全场响起轻轻的掌声。这掌声，是献给全天下所有深爱着孩子的爸爸妈妈们的。

真正的教育都是以身作则，但是最难的也是这个。

为什么？

原因很简单，因为我们都是被破坏的生命，我们都是很不完美的生命。我们在骨子里面，在灵魂深处，还是充满不满足、充满焦虑不安、极其渴望爱和理解的孩子。因为我们从小受到的教育不是“无分别的爱”，而是“有分别的爱”，不是生命教育、心灵教育和人性教育，而是分数教育、技能教育和工具教育。

在这样的教育下，我们获得了无数无用的知识和技能，但是，如何获得人生真正幸福的学问，我们知之甚少。

不仅是知之甚少，在这样的教育下，我们还在不知不觉中，亲手筑起了一道高墙，一道隔绝人生真正自由和幸福的偏见和无知的高墙。

是的，我们已经被彻底教坏了。

但是，经由对我们孩子深深的爱，我们开始思索，开始苏醒，开始看到这面高墙，开始着手晃动和拆除这面高墙。

只是，几十年的经营，使得这道高墙看起来已经巍然屹立，稳固之极，好像已经无计可施了。其实，仅仅是我们拆的方法不对。

正确的拆除方法、正确的拆除方向又是什么？

很多时候，我们总是努力去研究，如何更好地爱我们的孩子。就像这几位爸爸所做的，让我们很感动，但是收效不会太好。因为不是拆除这道高墙最好的方法和方向。

高墙为什么筑起来？因为我们自己被从小到大的分数教育、技能教育和工具教育，剥夺了生命最珍贵的情感和爱的发育，所以正确的努力方法、努力方向，是我们要学会如何好好地爱自己。

好好地爱自己就是要唤醒自己的心灵，它是生命获得力量和智慧的唯一源泉。紧紧守护住它，拥抱住它，和它在一起，再不要和它分开，把它丢弃和迷失了。

如此，我们自然有能力无分别地爱我们的孩子，充分地满足我们的孩子，实施真正的生命教育、心灵教育和人性教育，帮助我们的孩子逐渐唤醒蕴藏在生命深处的无尽的力量和智慧，成长出伟岸自由的灵魂。

爱自己就是爱孩子，爱自己和爱孩子无分别。

28

“太好”的故事——重塑父母之爱

为人父母的我们，也是从孩子过来的。这节分享的是曾经作为乖孩子，现在也是乖孩子的一位母亲的心声。

让我们来看看，在“有分别的爱”的环境里，生命积淀深久的伤痛和不安。

我的爸爸妈妈对我太好太好

我的爸爸妈妈对我太好太好，好得我没法说他们不好，好得我没法说他们不爱我。可是在我的心里一直有个疑问：他们是真的爱我吗？这个困扰我多年却不敢宣之于口的疑问，今天终于在猝不及防之下和眼泪一起迸了出来。

从小到大，爸爸妈妈给了我很多很多。他们理所当然地给，我也理所当然地接受，可是总有一种不舒服横亘在这“理所当然”的给和受之间。接受父母慷慨的赐予，如果换作别人，应该会欢天喜地吧，可是为什么我不能像爸爸妈妈希望的那样愉快和安然地接受？为什么我会觉得他们的关注像枷锁，让我只想挣脱，只想逃离？

不仅仅是因为他们给的不是我想要的，也不仅仅是他们的关注慢慢变成了一种剥夺，只是他们的“给”理所当然到问都不需要问我一声。他们的关怀和赐予由上而下，不能拒绝，无法推辞。因为他们的出发点是“爱”，当我想要拒绝的时候，他们有无数的理由说服我。“我们都是为你好。”“你小小年纪懂得什么！”“我们还会害你吗？”“你怎么会这么想？”那些温柔的态度和轻蔑的语气比吼叫和拳脚更可怕，让我觉得自己的想法真的愚蠢透顶，不值一提。慢慢地，我觉得自己真的一无是处，除了顺从没有别的选择。我也反抗过，可是我的反抗甚至找不到对象，因为身边的每个人包括父母对我真的很好很好。我的反抗被视做“不懂感恩”“不知好歹”，甚至“愚蠢”“怪异”。

可是如果真的爱一个人，不是应该倾听他的意愿吗？你想要给他的不应该是他最想要的东西吗？如果你真的爱一个人，你是应该不管不顾地拉着他走那条“正确”的路，还是对他说“不管你选择哪条路，我都陪你一起走”？爸爸妈妈，你们是真的爱我吗？

如果你们真的爱我，为什么不肯用心听听我的愿望？如果你们真的爱我，为什么总是看不到我的努力，为什么总是否定我、批评我？

为什么那么吝惜你们的赞美和鼓励？如果你们真的爱我，为什么在我犯错的时候，你们不是安慰我，而是嘲笑我？如果你们真的爱我，为什么当我沾沾自喜向你们炫耀时，你们总带着轻蔑和不屑一顾？

回想过去的三十几年，我按着父母画好的地图一步步走下来。在家，我做父母的乖女儿，不和父母不满意的朋友来往。读书，我考上了父母为我选择的大学。大学毕业，我做了父母为我安排的工作。一直到现在，我不会做选择，不敢做选择。每当面对选择的时候，我总是在害怕。我害怕选错，怕自己没有能力承担选择错误带来的后果。我的背后空落落的，没有人在我背后帮我一起承担。爸爸妈妈从来都没有给过我任何选择，我只有一条路好走，就是他们指定的路。我永远都在害怕，万一我走错了路，就会变成孤家寡人。

爸爸妈妈，为了获得你们的认可，我压制着内心的声音，只选择你们想要我选择的。慢慢地，我不再去倾听内心的声音，因为每一次，如果我的选择和你们的不同，内心和你们之间的冲突只会让我一次次体会委屈、怨愤和失败感。慢慢地，我丢失了自己的心，我不想去听，也听不见自己的声音了。可是那些委屈和怨愤积压在心底，把我变成了一个怪物。面上带着微笑，内心却永远都在隐秘地怀疑：爱，到底存不存在？

爸爸妈妈，你们给我那么多，为什么不给我最想要的？为什么你们总站在远处，站在我总也走不到的那个终点，提醒我离目标还有多远？我跑啊跑，真的很累很累，可是每当我觉得终于可以到达终点的时候，我都会失望地看到，你们又往前走了，那个终点离我还是那么远。我跌倒的时候，多希望你们能够来扶我安慰我，可是你们只是让我爬起来继续跑。我跑不动了，那个总是不断前移的目标让我失去了信心，于是我越跑越慢。这个时候，我在你们的脸上看到的是失望和轻蔑。

上高中时，有一个学期我对化学特别感兴趣，花了很多时间在这门课上。那个学期，我的化学成绩名列前茅，总排名排进了前十名。那是我唯一一次开家长会没有惴惴不安，而是带着兴奋和期待。可是爸爸回到家，满心期待着你笑容的我只听到："这次你们班化学都没考好才让你名次上去了，你的数学、物理……"我满心的兴奋立刻烟消云散。爸爸，你知道那时我是多么失望和伤心吗？下一个学期，当我如你所料又回到了十名以外，你对我说："你就是十几名的材料。"爸爸，我不知道你当时是什么心情，我不知道你是不是想激励我一下，我只知道，我又一次一败涂地。我刚刚建立起的一点自信心被你轻轻松松夷为平地。果然从那以后，我再也没有进入过前十名。爸爸，你又说对了，我果然就是十几名的材料。爸爸，如果那天你对我说我的努力没有白费，我愿意付出更多的努力在我不擅长的物理、数学上，我愿意相信我的成绩来自于我的努力，而不是我的运气和小聪明。

曾经，我以为我已经淡忘了这些事情，可是今天，当我一字一句把这些写出来的时候，我仿佛又感受到了那时自己的伤心、难过、委屈，以及被挫败的感觉。就是这些情绪让我一直不敢正视过去的自己。我总想让自己忘记伤心的过去，只留美好的记忆。可正是这样的逃避，让我的心里总留着一个黑暗的角落，时时感受到它的存在，却不能够碰触。而当我一读再读上面的文字，我看到了之前从没看到过的东西。我看到了自己的努力，我想我真的可以站在自己的背后，拍拍自己的肩膀，就像拥抱那个站在黑暗中等待爸爸妈妈回家的小女孩一样，再次拥抱自己。

我知道现在的我可以和自己的心对话了，我也知道由此我会把曾经缺失的爱找回来。现在的我虽然很悲伤，但是和以往不同的是，我看到有那么一丝力量开始在心底生成了。接下来，我会好好爱我自己，坚定地沿着这条路走下去。

这是参加我们心灵成长小组，走上成长之路的一位母亲，对自己的生命蓦然回首时，发自内心深处对自己的怜爱。

有的人可能会说，想这些干吗？过去了就过去了。

真的是这样吗？真的过去就过去了吗？

没有那些过去，又何来现在的我们？

所以，真的过去了吗？没有，过去从来没有过去。

过去的伤痛、悲哀、恐惧、焦虑、不安、迷茫、纠结、失败、不堪……从来就没有过去，只是被我们压在心底深处，像没有露出海平面的礁石。只是你看不见它，并不意味着它不存在，更不意味着它不产生作用。当我们总在某个地方翻船、某个地方搁浅、某个地方出事、某个地方过不去的时候，要知道，制约我们的就是看不见也不想去看，但却真实存在深深横亘在我们心灵之海深处的巨大“礁石”。

逃避不是解决问题的良方。

不躲了，不逃了，转过身，找到它，看着它，和它好好说说话，好好怜爱自己曾经的伤痛、悲哀、恐惧、焦虑、不安、迷茫、纠结、失败、不堪……好好爱爱我们自己，抱抱我们自己。

是的，当时没有人来爱我们，那么现在，就在现在，让我们自己来好好地爱爱我们自己吧。好好爱过之后，礁石开始逐渐松动，逐个崩塌，我们发现，心灵的海洋再不是暗流汹涌、漩涡密布了，而是渐渐回归平静，回归顺畅，回归安定。

只是，我们曾经的伤痛、悲哀、恐惧、焦虑、不安、迷茫、纠结、失败、不堪……往往跟我们的父母息息相关，跟原生家庭教育息息相关。“有分别的爱”不是爱，而是伤害。今天我们回过身，好好看看自己的伤痛、悲哀、恐惧、焦虑、不安、迷茫、纠结、失败、不堪……好好和自己的伤痛、悲哀、恐惧、焦虑、不安、迷茫、纠结、失败、不堪对话，却并不是为了谴责我们的爸爸妈妈，并不是为了把责任推给我们的爸爸妈妈，而是在给生命的伤口自我疗伤，而是主动给我们自己疗伤。我们就这样，在心灵深处，重塑着父母的爱，重塑着自己的人格，渐渐地，伤痕被抹平，感恩被结晶。在这样心灵蜕变的过程中，负面的声音渐渐消失无形，生出的是积极正面的能量。我们就这样渐渐痊愈了，我们惊奇地发现，我们忽然拥有了力量和情感，来好好怜爱生我养我爱我怜我的父母了。

一个满身伤痕的人，说自己有爱的能力，是不靠谱的。一个人，唯有爱自己，唯有治愈自己，才有能力真正爱身边的人。

无论自己怎样，不打击自己，不贬斥自己，不否定自己，不压抑自己，不勉强自己，不委屈自己……同时，不抱怨别人，不指责别人，不否定别人，不归罪别人……只是接纳自己，拥抱自己，理解自己，怜爱自己。只是和自己说话，只是和自己沟通，只是和自己交流，只是和自己的心在一起，只是好好爱自己。

从这里，我们可以清晰地看到：为什么我们的父母辈在养育孩子上，会和我们产生如此多的不一致？为什么我们总是不认同他们的教育理念、教育方式乃至生活方式？

原因很简单，因为他们的经历远比我们苦难得多！如果说我们是为幸福而战，那我们父母的一生就是为生存而战。再往上推，我们的祖辈是为了活命而战。

他们的安全感太缺乏，他们的生命往往千疮百孔、伤痕累累，他们绝对没有我们这样的机会，看到这本书，思考这些问题，受生命教育、心灵教育、人性教育的洗礼。他们只能给予我们“有分别的爱”，对于他们来说，不是不为，实是不能。他们不是“可恶”，而是“可怜”；他们不是“无知”，而是差点“无命”。但是绝大多数时候，我们无法真正理解这一点，我们无法在内心深处真正认同这一点。只有当我们学会跟自己的心深入沟通，只有当我们清晰地看到自己的苦难，我们才会深深地同理到生命的艰辛与不易，自然而然地由己推人，同理到我们的爸爸妈妈比我们难上百倍的艰辛和不易。这个时候，内心深处的力量和情感，自然而然地迸发了出来，我们在疗愈自己的同时，也自然而然地走上了真正爱我们的爸爸妈妈，真正地心疼他们的道路。

很多时候，我们以为，爱父母，就是逢年过节该买什么就买什么，该给什么就给什么，多给点东西，多回回家，就算是孝顺。

其实真正的爱远不止这些，真正的爱是要“发自内心的心疼和亲近”。

按照这个标准，问问我们自己，我们能达标吗?

我们连自个儿都不心疼，连自个儿都不爱的话，还能心疼别人，还能真爱别人吗?

从今天开始，试着渐渐走上成长之路，试着慢慢学会心疼孩子，心疼自己，心疼我们的爸爸妈妈，心疼身边的亲人和朋友……这份心疼，这份和心相守的温暖和幸福，才是珍惜命运赐予我们的苦难的最好方式。

29

提起的故事——诚实面对自己

提起，那道我曾越不过的坎儿

从高级课再回中级课复训，我似乎明白了，自己那些一直努力想放下却又总放不下的东西，原来都卡在哪里，是提起自我不够（放不下即提起——花径生命成长课程内容之核心）。可我还需要提起什么？我不是提起过了吗？找到林老师，真正开始成长之路，不也是始于一年前自己的那一次提起吗？

一年前，我疯了一样扔下老公，扔下孩子，独处流泪的三天，我真切地看到了那个曾经孤零零的，把自己捆得严严实实的，不顾一切去寻找珍贵的爱的小女孩。她背负了多少本不该她背的重担，跌跌撞撞地奔跑。她不断地跌倒，为追逐爱付出了血淋淋的代价，她伤痕累累却从未放弃。这时，我才真正地爱上了她，发觉她是那么珍贵，那么值得被爱。从那以后，我发誓要好好地爱自己，我要把身上那些沉重的枷锁统统扔掉。

我有点找不到方向了，一年前那样的提起之后，我还要提起些什么？

如果没有离开后这一个月的经历，没有那个梦，也许我的提起不会这么快到来。

中级课结束，我还没来得及去想明白，我的“磨刀石”婆婆又来了。我不喜欢婆婆，她总在背后说别人坏话，把自己做错的事推到别人身上，对全家上下颐指气使，长年对我公公恶语相向。公公癌症去世前的几年，她以各种借口不照顾公公。她在我家为所欲为，想扔什么就扔什么，全家人都看在公公的分上忍让着她。去年公公去世了，就剩下她一个，以后可能要跟我们生活。我不断地跟自己说要接纳她，因为她是我爱人的妈妈，我爱我老公，为了老公我别无选择。

我很想接纳她，用尽各种努力去放下，依然很难理解她。婆婆来了，甚至比以前更让我不舒服。公公去世后我没觉得她悲痛，反而看到她费尽心力地装可怜，似乎为我公公难受得不行，似乎她曾经做了很多很多。她说她一点家务活儿也干不了，连到门口接孩子都不行。她生活都不能自理了，两个月不洗澡不换衣服就窝在沙发里自言自语“我怎么成了这个样子啊，你爸去世我真是打击得不行啊”。我知道，这一切都是做戏，后面隐藏的是巨大的恐惧和不安全感，她在害怕。即使明白这些，我依然厌恶透了，一点也不想给她安慰，但忍受还做得到。我带她去看病，给她做饭，让着她，哄着她。她却越来越唠叨，甚至有时让我老公和小叔子也很无奈，很烦躁。

我自问，不是从去年就在努力去接纳她吗？为什么她来了，我心里依然这么不能接受？

更让我受不了的是我老公在这个时候逃离了。带婆婆回来的第二天，他说单位忙，最近要住单位宿舍不回来了。巨大的担子一下扔到我一个人肩上，老人、孩子、小叔子……整个假期忙得我不可开交。我一肚子的怒火想冲他发，质问他单位再忙也不能这样，你自己的妈怎么能不管！怎么能就这样扔给我！可是又不能当面发作，这么多人在，不想让大家难堪。我强压怒火，心里却烦透了。老公隔三岔五回家一趟，每次都故作轻松，对我格外体贴，还陪婆婆几小时，我却恨不得立刻把他踢出去。我知道他不是看不到我的情绪，是不想管，假装看不到。家里不挺好的吗？他只想看到平静的表面，假装相信一切都好，不管平静的表面下是否是座火山。他根本不给我机会发泄，一看我想发作要么立即转移话题，要么借口有事出去。我回回的愤怒都像打在空气里。我恨透了他这样的逃避，这样的自欺欺人。

这段时间，婆婆每天的唠叨，加上照顾他们生活的劳累真让我疲惫不堪。我每天用大量的时间观心，只有不断地静心观心才能让自己略微平静下来，可是根本没法放下，我憋得要发疯了。

那天夜里，我做了一个梦。梦里，老公说在单位宿舍住不回家了。不知不觉中我竟来到他的宿舍，打开门，看见他竟然跟别的女人在一起！我质问他，他却用一贯的满不在乎、唯我独尊的口气冷笑说：“都看见了，你又能怎样！”我被前所未有地激怒了，我快发疯了，我把所有的家具都砸了，本来是在宿舍的场景里，却突然变成自己的家。一切都砸完了，我好痛快，说我们离婚吧，我要带孩子走了。

清醒过来，一身汗。我细细品味这个梦，我甚至能体会梦里我最愤怒的不是推开门看见的场景，那样的场景我曾经死一样地害怕过，其实根本不曾发生，我是被自己的梦吓坏了。可这一次，我能感觉到，即使真有那样的场景，我会很愤怒，但真的不再是害怕了。我突然有点欣慰。

那么我最恨的是什么？就是那句“你又能怎样！”表面上，我恨的是老公的忽视、不在乎，其实最深处，是恨自己的无能为力，恨自己的恐惧。

我终于看到了自己深深的恐惧：无论他做什么，我都不能拿他怎样，我都不敢拿他怎样，我很害怕失去他，他对我那么重要。所有不甘心承受却又自愿承受的一切，都是为了不失去他。原来一切，还是我那最深重的不安全感。

我又想起了曾经缠绕自己很多年的另一个梦。梦里，我老公永远是当年那个自信帅气的样子。我们本来在一起，忽然他就不见了，我不知道他为什么不见了，我多么希望他出现啊，我苦苦地等着，等他来找我。过了很多年他都没来，可是我就是不敢去找他，哪怕打个电话，问问他在哪，为什么不来见我。

这个梦我烦透了，每周都在做，甚至天天做，有时醒来分不出梦境和现实，我甚至会情绪很差地质问老公为什么扔下我。一开始老公总是安慰我，后来他烦我把一个梦当真，还迁罪于他。我恨自己摆脱不了这个梦，多少次暗暗使劲，告诉自己下一次这个梦来了，一定要在梦里去找他。可梦境再次到来，我依然不敢。我恨自己窝囊透顶，直到去年，走上这条成长路，这个梦才渐渐离我远去。

我恍然大悟，我看到阻碍我爆发的其实根本不是别的什么，就是自己那最深的恐惧。我突然很高兴在昨晚的梦里，我终于可以把一切都砸了，敢把一切都砸了。我砸的就是恐惧啊。以前不敢去寻找老公的那个梦，同样是源于沉重的恐惧。其实，恐惧已经走远了，只是我自己还没有发现。

我清楚地看着这样的恐惧。我知道这样的恐惧从哪里来，那些曾经的经历，曾经不为人知的伤害，让恐惧如影随形地跟了我这么多年。我问自己，亲爱的，你现在还害怕吗？曾经的那些事情还能再伤害到你吗？你还是那样在乎那些伤害吗？你还是只有老公的爱才能安抚你吗？你还是需要紧紧倚靠着他才能生活吗？我听到自己内心清晰地回答：我现在已经真的没有那么害怕了，很多伤害我真的可以不在乎了，我已经可以爱自己了。我还爱着他，但不那样地需要他了。

我再去看这几天让我疲惫不堪的事情。其实并没有人逼着我一定要承担这一切，我是被自己的恐惧和信念束缚住，自己逼自己这样做。我觉得老人来了我一定要接纳，尽力去接纳，表面上是去努力地放下，其实是在逃避提起，因为自己不敢去提起。我怕的是我不接纳婆婆，老公对我的看法，我怕会因此失去老公的爱。我不是必须接纳。现在的这种接纳不是接纳，是忍受，这样的压抑早晚会爆发。再看我老公的逃避。因为我婆婆的种种表现，老公在失去父亲的悲痛后，在工作的重压下也许真的受不了自己的妈妈了。他不想面对，所以他走了，无论以何种借口，原因都是他没法面对。当他没法面对的时候逼他去面对，就是压抑，如同我曾对自己的压抑一样。他在没法面对的时候选择躲开，是一种善待自己，让自己休息的方式。正因为他可以躲出去休息，他才能在回来时精神饱满地面对自己不得不管的妈妈，哪怕只有几个小时，并有能力给我一点体贴，这就是他现在的力所能及。

当我看到这一切，我感到心里非常通透，非常平静。我突然很有勇气，很迫切地想跟我的老公沟通了。

那次沟通持续了几乎整个晚上。我们从我的那些梦谈起，我说自己很开心不再做那些梦了，想当年拿这样的梦去训斥他多么可笑。告诉他我其实曾是那么地需要他，需要他的安慰，可是我不敢说。他总是对我那样满不在乎，我就只好也对他冷冰冰，我多么怕他拒绝我，抛弃我，我不知道他一旦拒绝我，我的世界坍塌了，我将跌向哪里。说着说着，我的愤怒委屈忽然又回来了，眼泪止不住地掉下来。我说他明明知道我有那么多安全感的需要，为什么就不能痛快地给我，他真的爱我吗？我不明白他为什么那么不在意我？为什么那么不珍惜我？其实砸掉一切的梦让我挺开心，我知道我现在不会再那样狠狠攥着他了，真的不再那样需要他了。我留在这里是因为我爱他，可我烦透了他对我的感受满不在乎，假装看不到我的情绪。他难道看不到我们现在的关系吗？他只要这样的表面平静吗？我厌倦这样的假象，我们需要一起决定是要离得更远，还是走得更近。如果有一天我不再爱他，我想我能头也不回地走掉，开始新的生活。细数当年自己那些痛苦挣扎的感受，我多么希望有一句安慰，有一个肩膀。他听完沉默了好久，第一次告诉我，这一切他不是看不到，可他又能怎么样，关于他的家庭他无能为力，关于很多事情他都无能为力，现在尚且如此，更何况那个年轻时的他。他告诉我他不是不爱我、不在乎我，他很爱我，可是我要的真是太多了，我总是在要，我们的供需不平衡，他有时真的给不了那么多。

当他终于说出他的无能为力，他不是不在乎而是没有办法，当他说出他对我的爱，不知为何我的心忽然一下释然了，所有的气愤委屈全没了，多年累积的东西我真的放下了！我这才真正看到了他骄傲外表下的不安全感，他一样不愿承认自己内心最深处的恐惧。只不过我的方式是忍，他的方式是逃，我们曾是一样的脆弱又骄傲。而我总以为我找到的那个他，是最有安全感的他，从内到外都是阳光的，有能力无限量给予。

当我明白了逃避是他的不安全感时，我回忆起我曾对他的不安全感做过些什么。我对待他的逃避，要么穷追猛打，要么轻蔑鄙夷，我满腹怨气，扔下冷冰冰的话语。天哪，我对待他，也许比他对待我还残忍。我真的知道他忍耐我那么多年，在自己也很受伤时，再挤出一点爱给我有多么不容易了。我去看他的童年，他那样的家庭，父母多年的不和谐，他怎么可能会有充足的安全感，这些浅显的事实，全部都因为我自己深深的不安全感而被忽略掉了。

我第一次看到了他的不安全感。现在我非常愿意给他安全感，因为我知道，现在的我有能力给他，甚至比他更有能力给我。

再看一年前的那次提起，那的确是提起，但并不是彻底的提起。那次的提起里，还有冰冷的失望，还有不得不去放下的无奈。而在这一次的提起里，我终于收获了温暖。当老公把我搂在怀里，我真的感受到我们的心前所未有地贴近。

成长就是这样的“惊心动魄”。当然一开始自然不是这样，但是在关键的时刻，在快要突破的节点，就是这样的“惊心动魄”。

成长虽然艰难，但是跟不成长比起来，实在算不了什么。成长是把问题暴露出来，刹那间让其灰飞烟灭，从而走上宁静祥和的生命之路。而拒绝成长，则是把问题掩盖下去，虽然暂时看起来没有事，代价却是一生的痛苦、烦恼和辗转纠结。哪条路更合算，一看便知，只是究竟愿意选择哪条路又另当别论了。

如果你想走成长之路，我在这里要郑重地告诉你：成长的路有千万条，花径的路最难走。为什么？因为这条路没有自欺，这条路拒绝自欺，这条路不允许自欺。因为这条路直接面对自己的心，根本容不得你自欺。而不许自欺，不能自欺，可谓是这个世界上最恐怖的事情了。走花径这条路，不容易，太不容易了！只有足够诚实和勇敢的人，才能走上花径的成长之路。

当然这条路虽然难，却也高效得很，原因也在杜绝自欺，我们勇敢找出并面对自己真实的心灵。

真正的成长只有一条路，就是对自身心灵无上的诚实。没有足够的勇敢气魄，生命无法拥有这样的诚实。

成长这件事太难！但是又不能不成长，真是痛苦！

痛苦，还是痛快？完全取决于你自己。

再来说说我们的孩子，他们又该怎么办？

在“有分别的爱”的环境中，他们必然会受伤，他们难免在长大以后还得走上这样痛苦的成长之路，才能收获一生的宁静和幸福。有一天他们如果真能走上这条路，自然是属于他们自身生命的福分和机缘，但问题是如果走不上呢？显然，这才是绝对的大概率事件。

怎么办？

生命教育、心灵教育、人性教育的唯一目的是心灵的净化和皈依。也就是说，生命教育、心灵教育、人性教育的唯一对象，除了心，就是心。除了诚实面对自己的心，还是诚实面对自己的心。

要让我们的孩子，掌握这一生的幸福之道，需要我们的帮助，需要我们的示范。这个帮助是什么？这个示范是什么？除了我们和自己的心在一起，除了自己也走上生命成长之路，除了自己先牢牢掌握人生的幸福之道，哪里还有别的！

我们管不了社会，我们管不了学校，我们管不了外界环境……但是至少我们可以在家庭内部，我们可以在我们和孩子之间，打造“无分别的爱”的教育氛围，打造“和心在一起”的生长环境。

要让绝对的大概率事件变成小概率事件乃至零概率事件，取决于什么？依然是取决于我们，取决于我们这些父母。

30

陪伴的故事——印心的智慧

1

因为懂得，所以慈悲

昨晚，家里来了小朋友，是凝凝邀请的，也是她盼望很久的。可是情形并不像她想象的那样。小朋友想自己看书和玩玩具，对凝凝提出的游戏都不感兴趣。在失望之中，女儿的声音越来越大，最后不同意那个小朋友碰任何玩具。当然，那个小朋友受到如此待遇，就更不参与凝凝的游戏了。

那个失落呀，凝凝无法排解情绪，只好唉声叹气道："哎，我怎么这么倒霉呀。"很可爱地在发牢骚。

后来，吃饭的时候，她数次爬到我的身上，做出各种出格的姿势，想要引起大家的注意，我都接纳了。真的，那一刻，我仿佛看到了自己在失望时的种种复杂心态下的“发狂”状态，她需要的就是我的接纳。

我的心和她在一起，我知道她的心。她难受了，她失望了，她抱怨了，她恼怒了，她后悔了，我愿意用我的心来包容她的一切。

小朋友走后，我没有忙于收拾，而是抱着她在沙发上和她聊聊她的失望，听听她的牢骚，说教、担心从我的心中被踢出去了，我要做的就是和她的心在一起。这样就足够了。

之后，女儿说出了“妈妈，你对我真好”。

我没有回答她，只是拥抱了她，深深地充满爱地拥抱了她。

然后，我起身去收拾家，她平静地去看书了。

因为懂得，所以慈悲。

我想到了这句张爱玲对胡兰成说的话。

其实，就是你我同心。

2

陪伴的质量

凝凝爸爸因为工作忙，春节后能陪女儿玩的时间很少。昨天我央求他，这个周日一定陪女儿好好玩玩，他爽快地答应了，我和女儿都很高兴。

今晨女儿一醒来，就高兴地喊：“今天爸爸可以陪我玩了。”然后就在床上打滚、翻腾，兴奋得不得了。

我看着她，体会着她来之不易的喜悦。

这时候爸爸进来了，看着凝凝在床上跳呀叫呀，眼里充满了笑意。他把女儿的衣服拿过来，说：“来，闺女，穿衣服吧。”可是小凝凝好像还沉浸在床上翻滚的乐趣中，表示不穿，并且表明就是想在床上跳一会儿。

刚开始，凝凝爸爸还好言相劝，“快点穿吧，快点吧，我的心肝宝贝”之类的。但是凝凝就是不穿，而且她发现越不穿爸爸越着急，就觉得更好玩了，越发地坚持。

于是刚才还和风细雨的爸爸开始语速加快，语气加重，不断地催促：“快点穿衣服，快点起来，听到了没有！……如果你想爸爸陪你玩，就快点穿衣服！不然，爸爸去工作了！”

终于威胁也来凑热闹了。

看着这父女俩的对手戏，我真的笑不出来。原来拿出100%的时间，真心来陪孩子玩是很难的事情。我猜凝凝爸爸认为在床上就是耽误时间，起床去公园就是真正地陪孩子。殊不知在哪里其实都一样，只要心和孩子在一起就是最好的陪伴。

话说回来，我自己经常不就是这样吗？这“陪伴”的质量太差了！很多时候，我没有真正做到自己的心和孩子在一起。我的身体陪着她玩，可心早就跑到爪哇国了。这样的爱能称得上真正的爱吗？

这个早晨的收获，有了。

我准备合理安排时间，在爸爸和凝凝从公园玩耍回来之前的这段时间里，我把杂七杂八的事情都处理好，不给自己任何理由，等凝凝回来，我只要做好一件事情，就是全身心高质量地陪她玩。

凝凝爸爸那里，我不要求他全天陪闺女了。他的确很忙，那就和他说好，安排好需要做的事情，然后全身心地陪女儿玩两个小时。

3

女儿的确认

我去年一月份第一次参加林老师的初级课，到今天已经一年多了。也就是上个月吧，我和女儿之间有这样的对话。

女儿：“周五你要去哪里？”

我：“要去林老师那里呀，你知道我为啥去的。”

女儿：“嗯，我知道，林老师会教你怎么对我好。”

我：“对呀。”

女儿：“不过，妈妈，你不用去了，你真的已经对我很好了，真的不用去了。如果林老师告诉你什么了，你也不用听他的了。”

呵呵，女儿知道我很爱她，并且也确认我的爱。

为了这份确认，我努力了一年多的时间。

其间有反复，很多次反复。

最重要的是我区别了孩子的情绪和我自己的情绪，我不会像从前一样遇到事情就迁怒于孩子了。

就像有位妈妈说的那样，在成长的过程中，大家都会发现，其实孩子是没有任何问题的，问题都在我们自己身上。

明白这点，其实挺痛苦的。现在，我还在成长的路上。反复、焦虑、停滞不前都是很正常的，重要的是我们已经在这条成长的路上走了，只要坚持下去就好了。

这位妈妈所有的教育智慧皆来自自身的生命成长。

真正的教育只有这一条路。还有什么需要说的吗？教育到底是什么？好好地守护住自己的心灵吧。

上面的三个故事还告诉我们“无分别的爱”和“溺爱”的区别。

第一个区别，“无分别的爱”是恰到好处的接纳和帮助，不是代替、干预和破坏，而“溺爱”经常是过多的代替、干预甚至是破坏。要做到恰到好处，除了和心在一起，没有别的办法和途径。

第二个区别，也是最本质的区别，“无分别的爱”是先理清了自己的情绪和欲望（无分别的爱分两步，这是第一步的内容），之后再理清孩子的情绪和欲望（这依然是第一步的内容），然后再采取行动（第二步的内容）。也就是说，“无分别的爱”需要清晰地观心，是清晰地观心的结果，是心和心在一起的结果。而“溺爱”，绝大多数时候是出于自己本能的需求，根本不走观心的过程。显然，不走成长路，不和心在一起，就没有“无分别的爱”。“无分别的爱”是生命成长走到一定阶段的自然果实，而“溺爱”根本不走这条路。

也许大家希望从行为层面明确指出“无分别的爱”和“溺爱”之间的区别，但是真正的教育从来不在行为层面。无论好的教育还是坏的教育，真正的区别是在心灵层面。我知道这样的叙述，对很多父母而言，无助于立即搞清楚“溺爱”和“无分别的爱”的本质区别，甚至可能会更糊涂。只是，世间真正的区别，真正的智慧，都在“心”那儿，不在别的地方。要掌握世间真正的智慧，不经历心灵的蜕变，怎么可能！所以原谅我只能以这样的语言来叙述其间的差异。因为真理就是这样，我无法打扮它。跟心有关的学问有一个特点，就是跟语言表达的关系不大。不管怎么表达，心不到，是明白不了的；反过来，心到了，则无须多说。

所以，不说了，不搞思想，也不搞概念了，因为，心不到，一切都没有意义。恐怕说得越多，只会让人越糊涂。反过来，心到了，又何必我说呢？相视一笑，尽在其中。

31

老师的故事——灵魂的工程师

1

新来的丁老师想去找隔壁班的张老师借一段音乐，昨天她下班经过张老师班级，听到张老师弹奏的乐曲很动人。

到了放学前的自由活动时间，丁老师就去找张老师要音乐，张老师没有电子版的，也没有书面的，只能现写乐谱。张老师说："我得一边弹一边想，再慢慢写下来。你等一会儿，我弹弹看，感觉感觉。"张老师就边弹边感觉边记乐谱，丁老师就在旁边等。

丁老师看见张老师班里二十来个孩子都在自由活动，有走来走去的，有说话聊天的，有玩玩具做游戏的，有看绘本画画的……孩子们各玩各的，有吵闹的有安静的。班里其他老师在打扫卫生，也不干涉孩子们。

没一会儿，丁丁跑过来："张老师，我的玩具被×××抢走了，我还没有玩呢，我还没有同意让他玩，他就把我的玩具抢走了。"

张老师："过来，让老师抱一抱。"

丁丁跑过来，张老师抱了抱丁丁："玩具被小朋友抢走了，你是不是特别生气呀？"

丁丁："嗯。"

张老师："想一想有别的办法吗？需要我的帮助吗？"

丁丁："不需要，我跟他说请他把玩具还给我。"

张老师："哦，那你去吧。如果解决不了再回来找我。"

丁丁："好。"

说完，丁丁就走了。

没过两分钟，小丫跑过来："张老师，×××他们抢我的书。"

张老师："来，让老师抱一抱。"

张老师像刚才抱抱丁丁那样抱抱小丫，说："你是不是特别不高兴呀，你很伤心是吧，你的书被小朋友抢走了。"

小丫："嗯。"

张老师："你愿意想一个办法让自己不这么伤心吗？"

小丫："我再去拿另外一本书吧。"

小丫就走了，自己去找另外一本书。

没过一分钟，小桑跑来了："张老师张老师，×××他们在教室里跑，撞到我了，把我撞疼了。"

张老师："哦，很疼吧。来，老师抱抱你。"

小桑很开心地过来，张老师抱了抱小桑："你现在还生气吗？"

小桑："不了，撞一下没事。老师，我要去玩了。"

张老师："你可以帮助老师提醒他们小心吗？"

小桑："嗯。"

小桑过去对奔跑的小朋友说："请你们练习静心，请你们注意安全。"

小朋友们的步伐马上就慢了下来，过了一会儿，都停止了奔跑。

……

就一会儿的工夫，这样的事情发生了好几起，张老师以不变应万变，从容镇定，好像没事一样，一边抱抱孩子安慰孩子接纳孩子，一边弹琴想乐谱记乐谱，丁老师在旁边看得目瞪口呆。

丁老师："孩子来告状你就这样处理，行吗？"

张老师："那你觉得应该怎么处理？"

丁老师："这……"

张老师："你以前（遇到这类事）是不是话特多，总挺身而出，总出主意，总教孩子之类的？"

丁老师："对对对！"

张老师："感觉怎么样？"

丁老师："又累！又烦！又急！"

丁老师忍不住大发感慨。

张老师："那效果呢？"

丁老师看着班里“乱哄哄”的场景，忽然感觉到只是表面看起来有点“乱”，实则井然有序，忍不住又大发感叹：“真是没有你的方法好啊！”

丁老师（还是意犹未尽）：“张老师，你们班这么多孩子，还都是大孩子，又吵又闹，一会儿来找你哭闹，一会儿来找你告状，你不觉得烦吗？你不觉得躁吗？我在旁边看着都感觉浑身起急。”

张老师：“你急什么呀？”

丁老师：“我会很担心，怕他们乱跑伤到自己，怕他们乱跑撞到其他孩子，怕他们抢玩具打起来……反正，怕孩子出事。”

张老师：“你越紧张孩子越容易出事。你把心放低了，平静地去对待这些事情反而没事。孩子喜欢干什么就干什么，孩子喜欢玩什么就让他玩什么，只要是在安全范围内，就尊重他，接纳他，这样就好了。”

丁老师如醍醐灌顶：“张老师，你说的有道理。只是，这一会儿过来哭闹一会儿过来告状的，你还得弹琴还得给我写乐谱，你的心就真的不躁？”

张老师：“对自己说静心，一切就OK了。你想着静心、静心，就什么事都没有了。”

丁老师：“什么是静心啊，这么神奇？”

张老师：“林老师马上会给你们这些新老师安排培训的。我刚来时也跟你一样，很容易急躁，静心练习久了，就没事了。”

……

聊着聊着，放学时间到了，乐谱也写完了，张老师起身对孩子们说："请大家把手头东西归位，放学了，跟爸爸妈妈回家。"

一会儿的工夫，孩子们就把各自的玩具、图书、画笔等统统归位，收拾好书包，等着爸妈进来。整个教室刹那间干干净净、整整齐齐、安安静静，美好的一天就这样结束了。

丁老师恍恍惚惚地看着这一切，就像是在看科幻大片。短短十分钟，让她惊诧的事情实在是太多了。她感觉大脑一片空白，什么话都说不出来。张老师提醒她："你赶紧回班吧，家长要来接孩子了。"丁老师这才回过神来，拿好乐谱，对张老师说声"谢谢"，回到自己的班级去了。

新来的老师在刚加入我们幼儿园时，总会对我说："林老师，在这里我总有爱丽丝梦游仙境的感觉，总是恍恍惚惚，总是忍不住问自己，这里是人间吗？这里是现实世界吗？……"

要是人世间都是无分别的爱，这人世间自然就是仙境了。

2

与孩子的相处中，每一天都受益匪浅，深刻感觉到他们才是真正的老师。

自己在面对孩子时，还是会不自觉地处于一种紧张的状态，容易把"小事化大"。有这样一件事：

我们班的小朋友坐在一起唱着关于春天的儿歌，大家跟着音乐有节奏地摆动着身体。我忽然看到贝贝红着眼睛擦着眼泪，我立刻紧张地上前问道："贝贝，你怎么了？"贝贝说："小宁撞到我了！"

在确认贝贝无大碍后，我看到坐在贝贝旁边的小宁正面无表情地望着我。我知道肯定是唱歌的时候小宁摆头时碰到了贝贝。我对小宁说："小宁，你不小心撞到贝贝了，你知道吗？"小宁还是面无表情地看着我。我只好又去做贝贝的工作，说："贝贝，小宁和你是好朋友，对吗？""她不是我好朋友了。"贝贝立马回应道。也许是贝贝的回答伤害了小宁，也许是害怕，小宁也开始啜泣起来。我顿时觉得自己越帮越忙！

这时，我想到了林老师培训时说过的话：真正的教育不在语言上，它在一个动作或者眼神中。

我立马回过神来对小宁说："小宁，老师能抱抱你吗？"小宁点点头，我马上给了她一个拥抱，她停止了啜泣。

我又对贝贝说："贝贝，老师能抱抱你吗？"贝贝也欣然接受。

之后，我放下紧张的情绪，继续唱儿歌。没一会儿，我就发现小宁和贝贝小手拉着小手，就像刚才什么事情也没发生过一样。

孩子的世界原来如此简单。

其实是我们的紧张使孩子原本简单的环境变得复杂。

生命教育、心灵教育和人性教育，要求我们的老师必须走上生命成长之路，走上念念"静诚正醇行"之路。

问题是，不是人人都愿意走生命成长之路。一是习惯不容易改，心灵早就习惯了追逐外物，要收回来真的很不容易；二是要真正走成长之路，要真正面对自己的心，总会伴随痛苦，并且痛苦是一波又一波，而人总是本能地趋利避害。

所以尽可能地减少阻抗，帮助大家更顺利地走上这条路，是我们管理文化的重点。

怎么办?

除了“无分别的爱”，哪里还有其他更好的办法。

我们会定期开设一些成长课程以及小组，帮助老师们逐渐走上心灵成长之路。当成长顺利有收获的时候，大家的积极性就很高，来的时候情绪就很高；当成长遭遇阻抗和低谷，大家的情绪就很低，就不怎么愿意参加，拖拖拉拉，懒懒散散；等走过这个阻抗和低谷，战胜自己，就又好起来，又开心起来，又积极起来。

成长就是这样螺旋式上升的过程。

对于我来说，不管情绪高低，一概无分别，全然接纳。因为成长最重要的是诚实。鼓励每个人诚实面对自己，最好的方式就是对真实全然认同和接纳。

其实，就算老师们暂时遭遇低潮，也只是说明他们确实是在成长。否则又何来低潮?

成功也好失败也好，高潮也好低潮也好，一概无分别，一概全然接纳，只要真实就是最好。

允许老师们以真实的状态生存，允许老师们展示自身的本真状态，是我们管理文化最核心的因子。

在这里不需要欺骗，不需要欺骗他人，不需要欺骗自己。在这里只需要诚实面对自己，诚实面对他人。

允许真实，提倡诚实，不自欺，不欺人，这就是无分别的爱。

我唯一能帮助他们的，就是帮助他们打开并面对真实的生命、真实的生活、真实的心灵、真实的思想和欲望。

有一次，在老师们明显遭遇低潮的时候，看着她们死气沉沉地来参加成长小组，我就笑，我鼓励她们发问。

陈老师说："林老师，为什么要成长？成长痛苦得很，我觉得我们日子过得挺好，挺开心的，为什么要自寻烦恼？"

我问大家："你们是不是都这么想？"

大家点点头。

我："好，我问大家一个问题，你们一个一个回答我。"

大家点点头。

我："请问你们班，快乐的家长有几个？有几个大多数时间是乐呵呵的，看上去开心快乐的？"

陈老师（很快）："我们班没有。"

张老师（沉吟）："有1个。"

曹老师（马上）："没有。"

李老师（想一会儿）："有2个。"

刘老师（立刻）："没有。"

我："好，我算算，加起来，5个班80多个家庭，只有3个快乐的，5%的比例都没有！他们都有房吗？"

老师们："绝大多数有。"

我："他们都有车吗？"

老师们："绝大多数有。"

我："他们都有钱吗？"

老师们："有。"

我："能上得起我们幼儿园的，至少也是中产阶级。他们的学历怎样？"

老师们："好多都是研究生，至少也是本科，不少是名牌大学生。"

我："他们的工作怎样？是不是大多是成功人士？"

老师们："都挺好的，都挺成功的。"

我："好，我总结一下，他们有房有车有钱有学历有地位，你们呢？你们以后成家立业，有房有车有钱有学历有地位的概率是多少？"

老师们不吭声了。

我："是的，目前来说，幼教老师是低端的工作职位，对能力、学历以及其他各方面的要求不高，工资、薪水也不高。我们以后成家后，在北京这个大城市，要有房有车有钱有学历有地位的可能性不大，那么我问各位一个核心问题，他们有房有车有钱有学历有地位都不快乐，你没房没车没钱没学历没地位，凭什么说你会快乐？"

老师们沉默无语。

我："你们现在是快乐没有错，小姑娘一个无牵无挂，没有家庭，没有复杂的人际关系需要处理，爸爸妈妈也正壮年，没病没灾，也没有孩子。每天这么没心没肺地活着自然快乐。但是，这样的快乐完全基于外界环境对我们没有任何要求，能维持多长时间？等你们成家立业有了孩子百事缠身的时候，你们还会快乐吗？"

老师们依然说不出话来。

我："不说成家立业有孩子，就是你们现在和男朋友起争执，和同事闹矛盾，被爸爸妈妈说一顿，遭遇什么不开心委屈的事哭鼻子，心情猫一阵狗一阵的时候，难道还少吗？问问你们自己，哪怕就是现在最无牵无挂的时候，快乐的时光难道也是大多数吗？"

老师们依然一声不吭。

我逼问："你们都说说，不说以后，就现在，你们觉得自己生活的主流是快乐吗？"

老师们："不是！"

我继续发问："现在无牵无挂大多数时候都不快乐，以后有牵有挂没房没车没钱没学历没地位，凭什么你们会快乐？"

台下一片寂静，老师们彻底无语。

我："是的，没房没车没钱没学历没地位依然可以快乐，但那是建立在生命拥有强大的精神能力的基础上。你们不愿意成长，就不可能具备这样强大的精神能力。你们既没有强大的精神能力，又没房没车没钱没学历没地位，凭什么你们会快乐？"

可怜的老师们被我彻底扒去了所有的伪装和自欺。

我："你们说说，你们还想不想走成长的路？"

老师们："林老师，我们错了。"

这就是我做得最多的工作：以老师们最能接受的方式，帮助他们打开并面对他们真实的生命、真实的生活、真实的心灵、真实的思想和欲望。

这就是成长，就是这样一件事一件事地磨炼，就是这样一次又一次不断地自我提醒，就是这样一回又一回地停下来记录和反省，就是这样一遍又一遍地培训、学习和回顾……

没有人可以随随便便成功！自然，包括平凡的我们！

成长之路根本没有捷径。除了从日常生活、工作的每件小事入手，经常提醒自己，思考反省，学习练习，努力精进，别无他路。

在我们幼儿园，我们做得最多的就是提倡和打造一个真实的氛围，允许我们的老师和我们的孩子呈现真实的自己，鼓励我们的老师和我们的孩子做真实的自己，爱真实的自己，如此而已。

唯有这样，我们才可以和自己的心在一起，和孩子的心在一起。

唯有这样，我们才能真正做到尊重、理解和信任我们的孩子，才能在最短的时间内，准确读出孩子的心声，读出孩子内心真实的需要，并以简单科学的方式，帮助孩子迅速满足心灵的需要，走出心灵的困境。

唯有这样，我们才配得上被称为人类灵魂的工程师。只是我们首先要成为的一定是自身灵魂的工程师。

32

班级的故事——精神的家园

本则故事是一位老师的心路历程。

西西老师今年要接新班，新班指的是小年龄班。接新班的压力是很大的，因为不到3岁的孩子要适应幼儿园的集体生活，建立生活自理能力和规则，实在很不容易，老师要付出多几倍的辛苦和忍耐。

西西老师和班里的其他两位老师开了个会，三个人（两位教学老师和一位保育老师）统一了思想，认为最重要的工作是接纳孩子的情绪，其他往后放。

这个战略实施一周后，西西老师发现了两个大问题。

第一，如果老师特别在意孩子的情绪，当孩子有情绪时，老师会容易紧张。比如，老师很在意孩子哭，跟家长沟通时，说到孩子哭，紧张就会不由自主地表现出来。家长收到这个紧张，会因此变得更紧张，以为孩子哭特别不好，孩子哭就是适应不好、有问题等。家长会不由自主地假想化、扩大化孩子的“不良”行为及“后果”，当他们以这种心态跟孩子沟通和相处，又会给孩子制造压力：你今天哭了没有？吃了没有？有人打你没有？……孩子就会很紧张，会认为幼儿园很不安全。不能哭，哭了妈妈会不高兴；必须好好吃饭，否则妈妈又要“审问”我；这里每天可能都会有人来打我……这里面太不好玩太可怕了！也就是说，这样做往往导致所有人都很紧张，而所有人的紧张最终都会传递给孩子，导致孩子压力更大，情绪更加不稳，适应更加困难。这个适应困难的情绪问题又会传导到老师和家长身上，继而传导到孩子身上，如此恶性循环，不可收拾。

第二，更为重要的是，认为处理孩子的情绪主要是教学老师的工作，负责卫生清洁工作的保育老师就很容易在不知不觉中被忽视或者被轻视。保育老师会下意识地认为自己的工作低人一等，孩子不归她管，不需要她管，工作积极性、主动性大打折扣，老师之间互相的理解和配合经常出现问题。而班里本来就只有三位老师，少了一位老师的支持，工作更是进展不顺，导致大家普遍感觉压力倍增，在面对孩子的情绪问题时更加不能自控，失控的情绪一不小心又会形成一个恶性循环。

这两个问题都不是小问题，西西老师思考了良久，决定采取行动，开始改变。

西西老师先和另一位教学老师商量，在获得她的认同和支持后，叫上保育老师，三个人协商一致，做出重要调整。

第一，将卫生的重要性和对孩子的情绪接纳提到同等重要的位置，两位教学老师要主动配合保育老师的工作。没有健康卫生的环境，孩子的基本生活健康都不能保证，更何况情绪了。窗明几净的氛围，自然非常有助于孩子的快乐成长，孩子开心快乐了，适应自然就完成了。

第二，要平等接纳家长和孩子的情绪。之前总是害怕家长紧张焦虑，所以在说到孩子有情绪哭闹时，老师就会紧张，结果适得其反，加重了家长的紧张。家长带着紧张回家，又会说教孩子或否定孩子，过于小心翼翼关注孩子，给孩子带来更多的压力，导致孩子适应更加困难。现在，要把接纳从孩子扩大到家长，从接纳孩子的情绪扩大到接纳家长的情绪，允许家长的紧张和焦虑存在，学会去面对和接纳家长的紧张和焦虑，而不是像以前那样躲避或否定。

也就是说，原来是孩子第一重要，家长第二重要，老师自己是第三位的，先全力以赴接纳孩子，其他再说。现在要调整为孩子、家长、老师同样重要，需要全部接纳，缺一不可，不可忽视任何一方。

决定作出后，立即开始实施，西西老师马上发现事情有了惊人的转变。

首先是保育老师的转变。保育老师对自己工作的认同感大幅上升，不再感觉自己低人一等，可有可无，她一人要撑起班级的半边天，没有她根本不行。两位教学老师每天对她真诚的配合和感谢，让她前所未有地感受到内心深处“我很重要”的信念，她的自信心从此树立了起来。她会在卫生工作之余，主动帮助教学老师照顾孩子，接纳孩子。教学老师在教学工作之余，也会主动帮助保育老师清洁环境，彼此之间的配合渐入佳境。有一段时间，三位老师晚上下班之后，都要一起吃个饭，总结总结今天的工作得失，以及明天对哪几个孩子再作出哪些针对性的调整和配合等，三个人的班集体就这样慢慢地拧成了一股绳。

原来心变了，一切就都变了，西西老师心中非常感叹。

其次，当老师以接纳的状态和家长对话时，老师就非常平静，哪怕说到孩子今天哭的时间有点长了，孩子又有反复了等。以前家长会很担心，但是感受到老师的平静后，家长会本能地意识到：没有什么关系，这样很正常，不这样反而才是问题，自己的紧张没有太多必要，是大惊小怪，是自己想象出来吓唬自己。自然家长会以平静的心来对待孩子的哭闹，接纳孩子的情绪。而接纳无疑是帮助孩子适应的最佳法宝。

在接纳家长的过程中，西西老师发现，家长的适应远比孩子的适应更为重要和关键。当老师以平静的心和家长沟通，当老师接纳家长的焦虑和不安，家长反而感觉到焦虑和不安没有什么意义。看到老师们这么平静，他们会意识到事情并不是他们想象的那么巨大和严重，他们是过度关注，过于紧张了，原来一切都很平常，他的孩子和其他孩子本质上并没有什么区别，都会出现这样那样的适应小波折、小问题，但最终都会解决，没什么可担心、害怕的。不管怎样，最重要的是，老师的爱，家长的爱，就在这里，不来不去，不舍不弃。老师的爱，家长的爱，从来都在这里，没有条件，没有分别。这样一来，家长们就都能迅速安静下来。家长平静的心是孩子适应幼儿园的最佳护航。

西西老师还发现，当老师和家长都平静下来，老师再来分享“无分别的爱”的教育理念时，家长也会很乐意接纳和分享。而不像以前，不接纳家长情绪时进行说教，家长很容易认为老师在指责自己，在推卸责任，双方不知不觉会走向对立面。这个时候要跟家长沟通“无分别的爱”的教育理念，自然绝无可能。现在老师很自然，心态很平静，经常提出一些方法、思路，供家长参考、采纳，家长也会欣然接纳，学习思考。双方的关系不再是传统的“你的孩子在我手上你必须怎样怎样”，或者“我的孩子在你手上你必须这样那样”了。老师和家长不再是矛盾和对立的关系。家长感受到老师的平和、平等和平静后，也会走向平和、平等和平静，双方为同一个方向、同一个目标平等合作，努力沟通。在这样的状态下，家长很容易理解老师，能清晰感受到老师对孩子的爱和关心，能真正体悟到“无分别的爱”的精义之所在。这样，双方就会慢慢建立起一种互相尊重、理解和信任的合作关系。显然，这种彼此尊重、理解和信任的氛围是帮助孩子适应的超级武器。

接下来的日子，西西老师发现一切都很OK，虽然身体还是一如以往的累，但是心很放松，很自由，很温暖，很快乐，很有成就感。西西老师时常忍不住在心里面嘀咕：这“无分别的爱”原来还可以这样运用啊。怪不得林老师常说，只要有人的地方，只要涉及人际互动，就一定可以运用“无分别的爱”，就一定要学习运用“无分别的爱”，它会给我们的工作和生活带来无限福惠。其实有些东西，在岗前或日常培训中，林老师早已说过很多次，但是不亲身经历，真是不能变成自己的东西。这个过程（变成自己的）虽然辛苦，但是这个收获的感觉真是好。

原来“无分别的爱”，真的绝不仅仅是给予我们的孩子，而是要平等地、无分别地给予所有的人，包括孩子，包括家长，也包括我们自己。

“无分别的爱”不仅仅是教育的最高理念，也是管理的最高理念。因为“无分别的爱”是人际交往的最高法则，而教育和管理亦是人际互动、人际交往。

也许对你来说，“无分别的爱”作为教育理念还可以勉强接受，作为管理理念你会感觉不可思议。我完全理解你，我曾经在清华大学总裁班上给大家讲过“无分别的爱”的管理智慧，效果实在不好。我想，在绝大多数父母对自己的孩子都不能做到“无分别的爱”的情况下，要求管理者对员工做到“无分别的爱”，是有点强人所难，甚至接近天方夜谭了，哪怕他们是总裁，是董事长，是总经理……其实，不管是总裁还是清洁工，是董事长还是程序员，是总经理还是服务生，人性都是一样的，都要先学会爱自己的孩子，再学会爱自己本身，才能学会爱身边的其他人。所以，在“爱孩子”和“爱自己”都做得不够好的前提下，在“爱孩子”和“爱自己”都很“有分别”的状态下，要管理者学会“无分别地爱员工”，我想这是欠思考的。所以，我讲这些东西，没人爱听，完全是合情合理，咎由自取。

只是不管他人如何，我们确是努力地将“无分别的爱”从教育应用到管理，从孩子应用到自身，从自身应用到身边的人。这并不是因为我们特别“伟大”，只是因为这根本就是一回事。只要我们走上“无分别的爱”的道路，我们自会确知一切道路皆是成长的旅途，皆是无分别的爱之旅途，并无分别。

其实，“无分别的爱”适用的又何止是教育和管理领域?

教育、管理、行政、学术、生产、销售、研发、营销……

亲子、夫妻、婆媳、朋友、同事、老乡、师生、路人……

不管是什么领域，什么关系，一概无别。

只要是有人的地方，只要是涉及人际互动的地方，一概无分别地去运用。

因为，对于我们的心来说，从来都是完整的一体，从来都是圆满的存在，是不能割裂也无法割裂的，是不能分别也无法分别的。

试想，在工作的时候实行“无分别的爱”，生活中就抛之脑后；在和“重要”的人沟通的时候实行“无分别的爱”，和“不重要”的人沟通的时候实行“有分别的爱”……当生命处于这样一种割裂状态，生活就一定会处于冲突、痛苦和烦恼之中。此时，生命成长的途径就狭窄而不通透，生命成长的进程就有限而缓慢。反过来，当我们以统一的无分别的态度来处理，随时随地都是练习“无分别的爱”的场所和机缘，随时随地都提醒自己“无分别地爱自己和他人”，随时随地都保持觉醒和精进。如此自然最接近生命本心的圆满状态，如此生命的统一和谐会很快地到来。

现实生活中，割裂的状态是生活的主流，那么就从这里开始成长我们自己。

须知，所有当下的一切都是我们生命成长的最好资粮。

无论割裂还是统一一概全然接纳。

这就是无分别的爱。

这是生命成长无上的通途。

在花径，在“无分别的爱”的旅途中，人与人之间：

也会发生争执，也会爆发指责。

也有不满沮丧，也有生气落泪。

也会误解委屈，也会意见不一。

也有挫折伤心，也有控制不住。

也会犯下错误，也会停步不前。

……

但是这里不装，或者很少需要去伪装自己。

在这里，我们愿意展现真实的生命，我们愿意欣赏和接纳彼此真实的生命。前提条件是我们绝不能去伤害他人，伤害自己。

在这里，空气中弥漫着特殊的味道。

在这里，人与人间充满了不可言说的亲思。

在这里，岁月放慢了脚步，生命很安然，很踏实，很安心。

是的，这里是家园，是每个花径人心灵的家园。

经常，有离园的孩子，时不时来看望老师和同学。

经常，有毕业的妈妈，时不时来看望老师和园长。

经常，有离职的员工，时不时来看望同事和朋友。

……

一个周一，我在街上遇到一位离职的同事，她跟我说：“林老师，昨天我去园里了。”

我说：“你怎么不给我打电话？”

她说：“我心情郁闷，就想开着车，围着园转一圈。当我开车经过我们园，静静地看着我们园，星期天一个人都没有，四周一片宁静，我忽然感觉烦闷一下子都没有了，浑身又充满了力量。”

我不语，静静地看着她。

她继续说：“林老师，我经常心情不好就想到园里附近转转，转转就好了。”

我完全理解她。

我想起刚刚毕业工作的时期，心情烦闷的时候总要骑车到母校北大里转一转，呼吸呼吸里面的空气，哪怕只是骑一小会儿，呼吸一小口，心情就会好很多，第二天就有力量去面对人生的风雨挑战。

我想她和我是一模一样的。

我想每个人在内心深处都有一块地方是自己的精神家园。

我想这个最尊贵的地方，这个和自己的心相守的地方，就是人间的花径。

后记

生命的意义

有一阵子，我在外面讲课，大概一周。回来后大家都跟我热情地打招呼，但我总感觉有点不对头，老师们的笑容好像没有以前自然。

我经常在外面讲课，有时候时间更长，都没有这样的感觉，到底发生了什么？我刚坐下来，李园长就过来跟我汇报工作。

原来附近一所公立幼儿园开园，我们这边一下子走了将近10个孩子，转去那边，并且不知道还会走哪些孩子。李园长很紧张，很害怕，认为一定是我们幼儿园的管理和服务出了问题，开始带着老师们查漏堵缺，挑东拣西，对老师们说不能再这样下去了，我们肯定有什么问题，必须好好整顿……听到这，我明白老师们为什么会有那样不自然的笑容了。

李园长刚要跟我说这几天的整顿过程和结果，就被我打断了。我说："好，我知道了，我有点累，要休息一下，今晚7点召开全体员工大会。"

离开会还有两个小时，我去那个公立幼儿园转了转，简单咨询了点情况。会议开始后，我开门见山地提出了最近孩子大面积流失的问题，问大家是什么原因。看得出来，大家都很紧张，没有人说话。

我站起来，在黑板上写下一个个问题，请大家回答。

第一个问题：他们的楼跟我们的楼比呢？

“大好多。”老师们异口同声地回答。

第二个问题：他们的位置跟我们的位置比呢？

“好多了。”老师们异口同声地回答。

第三个问题：他们的教室跟我们的教室比呢？

“大多了。”老师们又是异口同声。

我发现下面的气氛已经轻松多了，不知不觉中老师们放松了下来。

第四个问题：他们的玩具跟我们的玩具比呢？

“多好多。”

“我们大多是自己做的，他们都是买的，一整套一整套的。”

“他们的玩具城堡看起来很气派，我们没有这样的东西。”

……

老师们七嘴八舌，但整体意思都是一样的，就是看上去他们很“靓丽”，我们很“朴素”。

第五个问题，也是关键的问题：他们的收费跟我们的收费比呢？

“低很多。”这一次，毫无例外又是异口同声地回答。

“低多少呢？”

“他们的收费连我们的一半都没有。”

老师们其实很了解“行情”。

第六个问题，我继续追问：在这样的情况下，如果你是一个“正常人”，是一个传统的“正常人”，你会怎样做？

“转园！”老师们异口同声，之后哄堂大笑。

紧张和焦虑在不知不觉中，早就跑到爪哇国去了。

第七个问题：现在，看起来，在我们幼儿园，“正常人”多吗？

“不多！”

“才10个！”

“还有70多个，70多个‘非正常人’！”

“他们不是‘非正常人’，他们是‘明白人’！”

……

大家嘻嘻哈哈，叽叽喳喳，显然，自由和放松重新降临了这所幼儿园。

“老师们，转走的家长，我们非常理解他们，因为确实表面看起来，差距太大了。所以，转走是人之常情，我们依然尊重、理解和信任他们。但是显然，绝大多数的家长朋友是了解我们、认同我们的，他们了解我们以及我们的理念，认同我们以及我们的教育。所以，他们选择留下来，选择信任我们，选择信任生命教育、心灵教育和人性教育。老师们，面对这样的家长，面对如此多信任我们的家长，我们有没有感到骄傲和幸福……现在，为我们拥有如此多信任我们的家长，为我们拥有如此多的骄傲和幸福，给自己热烈的掌声吧。”

全场响起极其热烈的掌声，我看到很多老师的眼睛里面，泪光闪烁。

掌声结束后，我对大家说："有一些家长，在一时冲动下，选择了离开，但是他们在有了对比后，很可能会后悔，反而会认识到我们教育的价值。所以，为了我们这些同样值得尊重、理解、信任的家长，大家现在马上给他们打电话，问问孩子在新的幼儿园适应得怎样，是否需要我们帮助，如果有想回来的，欢迎回来。现在我宣布会议结束，大家马上去打电话。"

大家在开心和放松中快步离开，跑到各自的班级打电话，我在办公室静静坐着，陪伴着我的老师们。不到10分钟，走廊里传来曹老师的大叫声："×××要回来了！×××要回来了！"声音里面全是激动和喜悦！顿时整个走廊响起一片欢呼声，这欢呼声此起彼伏，激动和喜悦瞬间在整个幼儿园弥漫！

我知道，这场危机，就此过去了。

只是，真正的危机，到底是什么？

李园长在我身边，忍不住掉下了眼泪。

我问她："你知道错在哪里了吗？"

她点点头："我忘记了信任我们自己。我忘记了信任我自己，也忘记了信任我们的老师，我更忘记了信任我们的家长。"

我回应她："是的，不要忘记，无分别的爱，无分别地尊重、理解和信任我们的伙伴，也包括我们自己、我们的老师和我们的家长。"

真正的危机是我们忘记了如何相爱！

真正的危机是我们忘记了心在哪里！

从这个意义上说，显然这个世界从来也没有危机，当然前提条件是：我们和自己的心，紧紧在一起。

这就是无分别的爱。

这就是生命教育、心灵教育和人性教育。

这就是花径。

这是好几年前的往事了。

只是，往事并不如烟。

创业以来，很长一段时间（除了近些年），花径的生源一直不大好，主要原因之一，就是硬件（面积、位置、朝向、格局……）跟周边的幼儿园相比，实在是差距较大。当然，这些是我们没有办法改变的，而在当下绝大多数的家长心中，这些又是至关重要的，所以我们很无奈。但就算是这样不理想的硬件，在寸土寸金的北京城，都是很难找到的。所以对于没有什么背景和资源的平凡的我们来说，老天能给我们一个地方实验生命教育、心灵教育和人性教育，我们就已经很知足了。这些年，每每生命被真理所唤醒，被智慧所充溢，被自由所照耀，被美德所滋养的时候，心中唯有对上苍的无尽感恩。

相比无法改变的硬件，更让我们无奈的是很多父母不选择我们，或者选择了但是又中途离开，原因竟然是：这里的老师对孩子太好了，这样下去会把孩子惯坏的。

也就是说，我们所提倡的“无分别的爱”的教育理念，很多时候不是家长们的喜好，不被家长们所认同和欣赏。

我完全理解他们，也完全尊重他们的选择，并且我想别的幼儿园一样也有好老师。我衷心祝愿每一个孩子，不管他在不在花径，都能遇见一位好老师。因为这才是教育的根本。

我们还是需要做更多工作，更多扎实艰辛的工作，更多深入细致的工作，以便让更多父母了解我们，认同我们。

通过这样扎实艰辛、深入细致的工作，我们发现，不知不觉中，我们对教育、管理、人生、生命的理解，深透了很多，贯通了很多，圆融了很多。真理、智慧、自由和美德，在不知不觉中，已经占据我们的整个身心。

这是本书最后一个故事，在最后一个故事的选择中，我徘徊了良久。在花径，有太多值得述说的故事了。我想在此感谢所有认同花径、支持花径、信任花径、理解花径、尊重花径的人们。谢谢你们，谢谢你们曾经和一直以来的支持和帮助。

10年前，我的人生路面临两个选择——创业，还是继续工作。我选择了前者，但丝毫没有想到创业竟是如此艰难，比想象之中艰难百倍。在很长一段时间里，我负债累累，生存的压力压得我喘不过气。在我最艰难的时候，我的妻子出现了，没有她的帮助和引领，花径很可能就半路夭折了。如果是那样，现在我在干什么呢？应该是在做一名律师吧。我想，我应该会成为一名很好的律师，应该挣了很多钱，比现在强多了。只是，什么生命教育、心灵教育、人性教育，又关我何事呢！我想这世界上不缺一个好律师，这个世界更需要的，还是生命教育、心灵教育和人性教育的热爱者、探索者和开拓者啊。

在这里，我感谢我的妻子，没有她，我的生命很可能是其他的选择了，由于她的帮助，在最难的时候，花径活了下来。

我更要感谢我的妻子把我引上了一条追求生命成长，追求生命教育、心灵教育和人性教育，追求真理、智慧、自由和美德的创业之路。换句话说，她帮我指引出了人生努力的正确方向。而显然，拥有正确的方向才是生命真正的福分。

我何其有幸能够走在正确的道路上。

这条路上没有人可以指导你，一切都要靠你自己。靠你自己探索，靠你自己实验，靠你自己领悟，无法向人求教，无法跟人商量，甚至无法知道对错。因为你做的是太少有人做，甚至是根本没有人做的事情。

无数次的绝望、彷徨和迷茫，无数次的愧疚、自责和不安，无数次的失败、打击和挫折，无数次的内外交困，无数次的茫然无措，无数次的心灰意冷……

我最后要感谢所有的失败、挫折、打击、痛苦……感谢曾经、现在和未来的磨难。

好吧，既然选择了走这条路，选择了做这件事，那就来吧。那就让我来面对所有的挑战，来承担所有的失败和磨难吧。这些年最大的感触之一，就是发现自身的生命成长皆来源于失败的恩赐。这些年失败实在太多了，所以生命才一直没有停止生长。

圣哲曰：天将降大任于斯人也，必先苦其心志，劳其筋骨，饿其体肤，空乏其身，行拂乱其所为，所以动心忍性，增益其所不能。

所谓艰难困苦，玉汝于成。

从本书开始，我会完成一套《家庭美德书》（大概20本），涵盖家庭教育、父母成长和儿童故事（绘本）三大层面，希冀家庭中各年龄段的孩子以及他们的爸爸妈妈，都能在这套书中找到让心灵宁静下来的智慧。

这套《家庭美德书》，目标是涵盖所有家庭成员的心灵需要，为所有家庭成员间的人际相处提供最简易恰当的心灵食药。在这套书中，我会和大家分享花径的成长智慧和教育理念，分享0—100岁生命成长的普遍法则和不易真理，并以此为星火点燃整个国家、民族、人类的生命教育、心灵教育、人性教育的智慧之心灯，以此燎原之心灯，最终唤醒每一个生命，帮助其见证生命本有的、从来没有丢失、永远也不会别离的无上高贵、无上尊崇、无上平实的本心。

这套《家庭美德书》完成后，我会着手创办花径小学、中学乃至大学，这就是更浩大的工程了。

我不知道能不能完成上面这些任务，但是承诺了，就去做吧。写下上面这些文字，也只是想以此形式，立下承诺，提醒自己：答应了，就好好去做吧。

图书在版编目（CIP）数据

妈妈，请这样爱我 / 林巨著. —2版. —北京：北京联合出版公司，2017.1

ISBN 978-7-5502-8797-6

Ⅰ. ①妈… Ⅱ. ①林… Ⅲ. ①儿童教育—家庭教育 Ⅳ. ①G781

中国版本图书馆CIP数据核字（2016）第234662号

妈妈，请这样爱我（第2版）
作　　者：林　巨
选题策划：木晷文化
策划编辑：朱　笛
责任编辑：牛炜征
特约编辑：刘　卿
全书图画：Dola Sun
版式设计：郝薇薇
封面设计：YunYard 熊琼

北京联合出版公司出版
（北京市西城区德外大街83号楼9层　100088）
北京盛通印刷股份有限公司印刷　　新华书店经销
字数179千字　880毫米×1230毫米　1/32　8.5印张
2017年1月第2版　2017年1月第1次印刷
ISBN 978-7-5502-8797-6
定价：39.00元